GOTITAS DE LIMÓN Y MIEL

GOTITAS DE LIMÓN Y MIEL

Mary Escamilla

Número de Control de la Biblioteca del Congreso de EE. UU.:   2020911310
ISBN: Tapa Dura   978-1-5065-3310-0
             Tapa Blanda   978-1-5065-3309-4
             Libro Electrónico   978-1-5065-3308-7

Información de la imprenta disponible en la última página.

Fecha de revisión: 23/07/2020

Para realizar pedidos de este libro, contacte con:
Palibrio
1663 Liberty Drive
Suite 200
Bloomington, IN 47403
Gratis desde EE. UU. al 877.407.5847
Gratis desde México al 01.800.288.2243
Gratis desde España al 900.866.949
Desde otro país al +1.812.671.9757
Fax: 01.812.355.1576
ventas@palibrio.com
815137

ÍNDICE

LA JOVEN QUE SE QUIERE CASAR Y ESTÁ DESESPERADA POR NO PODER HACERLO 1

LA CHICA ABUSADA CUANDO ERA NIÑA 6

MUJER LLENA DE AMARGURA Y ENOJO 10

HOMBRE LLENO DE COMPLEJOS 14

MI HERMANA ME QUITÓ A MI ESPOSO 18

MI HIJA SE AVERGÜENZA DE MÍ PORQUE SOY MAMÁ SOLTERA 24

EL PADRE QUE ABANDONA A SUS HIJOS Y SE VA CON OTRA, PARA MANTENER A LOS HIJOS DE OTRO HOMBRE 29

MUJER DESESPERADA POR LA AUSENCIA DE SU PADRE 35

HOMBRE DESDICHADO POR NO CUMPLIR UNA PROMESA A SU MADRE 39

MUJER CON SOBREPESO 45

TENGO PROBLEMA DE INTIMIDAD EN MI MATRIMONIO 50

NO SOPORTO A ESE LÍDER DE LA IGLESIA 54

NO HE SIDO BUENA MADRE 58

SOY CRISTIANA, PERO TODAVÍA CONSERVO ALGUNOS OBJETOS DE MI PASADA RELIGIÓN 63

CELOSA DE LO QUE TIENEN LOS DEMÁS 67

MADRE DE PASTOR EXDROGADICTO 72

LÍDER DE LA IGLESIA SE AVERGÜENZA, POR UNA JOVEN QUE TIENE COMPORTAMIENTO MUNDANO 76

SOY UN HOMBRE DE DIOS, PERO SIGO VIENDO PORNOGRAFÍA 80

MATRIMONIO QUE ASISTE A LA IGLESIA NADA MÁS PARA SABER LA VIDA DE LOS HERMANOS Y LUEGO DESPRESTIGIARLOS Y HUMILLARLOS 84

HERMANA LÍDER DE LA IGLESIA QUE HABLA MAL DE TODOS Y CAUSA DIVISIÓN 88

EL HERMANO QUE CRITICA TODO LO QUE HACEN LOS DEMÁS Y ÉL MISMO LLEVA UNA VIDA MUNDANA 92

SOY SEÑORA MAYOR, SIN EMBARGO, NO TENGO TEMOR
DE DIOS, SIEMPRE ANDO BUSCANDO HACER EL MAL Y
DIFAMAR A LAS PERSONAS..96
EL HIJO DEL PASTOR MALTRATA A LA CONGREGACIÓN Y
AVERGÜENZA A SU PADRE CON SU COMPORTAMIENTO 100
CRISTIANA VISITA MUCHAS IGLESIAS PARA VER QUÉ LE
DAN Y BUSCANDO A QUIÉN ENGAÑAR....................................105
ABORTÉ HACE MUCHO TIEMPO Y NO PUEDO SUPERAR EL
HABER ASESINADO A MI PROPIO HIJO......................................110
UN MATRIMONIO ESCUCHA EN RADIO Y TELEVISIÓN A
ANUNCIANTES DE PRODUCTOS Y SERVICIOS, ASÍ QUE
VAN, LOS ADQUIEREN, SE BENEFICIAN DE ELLOS Y LUEGO
RECLAMAN SU DINERO PORQUE DICEN QUE NO LES
SIRVIERON. LO HACEN AGRESIVAMENTE Y AÚN ASÍ DICEN
QUE SON CRISTIANOS...115
MATRIMONIO QUE SIRVE COMO UJIERES EN LA IGLESIA,
PERO SEÑALAN, JUZGAN Y HABLAN MAL DE TODAS LAS
PERSONAS, INCLUYENDO A SU PASTOR 120
MADRE SOLTERA, SUS HIJOS NO LE AYUDAN EN NADA 125
HOMBRE CASADO, QUE ESTÁ ENAMORADO DE UNA
HERMANA DE LA MISMA CONGREGACIÓN 130
HERMANO INSENSATO, ESTANDO CASADO SE ENAMORÓ
DE OTRA MUJER Y SE FUE A VIVIR CON ELLA. PERO SU
ESPOSA TAMBIÉN BUSCÓ OTRA PAREJA....................................136
MUJER FRUSTRADA Y CON MUCHOS TEMORES............................142
INFILTRADO EN LA CONGREGACIÓN PARA ENGAÑAR Y
CONFUNDIR, ÉL PERTENECE A UNA IGLESIA SATÁNICA 148
HIJO DESOBEDIENTE, REBELDE, QUE NO SE SUJETA A
NADA NI A NADIE..153
MI HIJA ME ODIA… Y ES CRISTIANA......................................158
MI ESPOSO ES MUY DESORDENADO
Y NO ME AYUDA EN NADA..166
MI SUEGRA ME TIENE TRASTORNADO, SE METE EN TODO,
ME ESTÁ VOLVIENDO LOCO...173
UNA PERSONA DE MI FAMILIA TIENE MUCHA MALDAD..............180

PRÓLOGO

Este libro se llama **Gotitas de Limón y Miel**, la razón es porque el Señor me dio ese título para hacer alusión a que el zumo de Limón arde cuando se le pone a una herida o cortada que está sangrando, asimismo es recibir la exhortación y las palabras de aliento cuando vienen de parte de Dios, y Miel porque su Palabra, que es más dulce que la miel, de un panal que la destila, del mismo modo es una promesa que Él sanará todas nuestras heridas. Sí, su Palabra es como la miel.

Qué precioso, desde que empecé a escribir este libro, Él puso en mi corazón ese título.

Gracias por tomarse el tiempo de reflexionar y meditar siempre mirando a lo Alto. Amados, espero en el Señor que todos los consejos y respuestas sean de bendición en sus vidas ya que les aseguro que todas y cada una de las respuestas a sus preguntas son apegadas a consejos bíblicos, los cuales ya están escritos y son de mucha bendición. Esas respuestas que a través de su Palabra Dios nos da la revelación de acuerdo a la situación que cada uno esté viviendo o a la prueba que esté pasando.

Quiero animarles a que lean más de la Palabra de Dios la cual está escrita en la Biblia y así su vida será plena siguiendo siempre la Dirección Divina y las enseñanzas que Él tiene en su Palabra para la vida de cada uno de ustedes, porque la Palabra de Dios da todas las respuestas a sus preguntas, porque es verdad que ahí encuentran desde química hasta geografía, ciencia, medicina, amor, perdón, sacrificio, entrega, oración, sabiduría, disciplina, discernimiento, conocimiento, revelación, etc.

Asimismo, ahí encuentran las respuestas a todo lo que ustedes necesitan para vivir una vida plena siempre poniendo la mirada en el Todopoderoso y Eterno, porque de Él viene la ayuda, Él es el único que es Omnipotente, Omnisciente y Omnipresente.

Recuerde amado lector, ponga siempre la mirada en Dios y no en el hombre.

Bendiciones del Altísimo Padre Celestial.

Reverenda, Doctora Mary Escamilla.

LA JOVEN QUE SE QUIERE CASAR Y ESTÁ DESESPERADA POR NO PODER HACERLO

Tengo 37 años y aún no me he podido casar, estoy sintiéndome cada día más sola, desesperada y he caído en una gran depresión.

Ya todos mis amigos de la secundaria se casaron, tienen una familia y yo me pregunto: ¿Por qué yo todavía no?

Me veo en el espejo y digo:

No soy tan atractiva.

Qué feo es mi cabello, no me gusta mi cabello.

Tengo la nariz fea, como la de mi papá.

¿Por qué tengo la cara redonda?

Sí, hago preguntas, pero no hallo respuestas.

He tenido algunos novios, no muchos, pero siempre pasa algo y termina la relación. Han pasado ya largos cuatro años en que no he tenido ningún noviazgo.

¡Yo no quiero quedarme solterona!, quiero casarme y que sea lo más pronto.

El primer novio que tuve fue algo muy lindo, tanto que no puedo olvidar el primer abrazo, el primer beso, mi primera salida.

Tenía 20 años y me enamoré perdidamente de él, era un sueño del cual no quería despertar, me veía en el altar dándole el 'sí para toda la vida', soñaba con tener muchos hijos y hacer feliz a ese príncipe azul.

Pero, ¿qué pasó después de algunos meses?... Que el sueño se acabó y vino la realidad, este joven dejó de llamarme, ya no me enviaba textos por celular y semanas después recibí la noticia más devastadora que podía esperar, emocionalmente hablando, la llamada de una persona diciéndome que había visto a mi novio y a mi mejor amiga juntos, entrando en un cine y que iban muy abrazados.

Yo no podía creerlo, así que le llamé inmediatamente "a mi mejor amiga" para saber la verdad y ella descaradamente me dijo: "Sí, te lo quité porque me enamoré de él y somos muy felices".

En ese momento colgué el teléfono y me puse a llorar sin parar durante varias horas, hasta que ya no pude más y me sumergí en una tristeza muy profunda.

Después pasaron varios meses y alguien se fijó en mí nuevamente, empezamos a hablar, a salir para conocernos, pero yo aún no había superado la traición anterior y empecé a celarlo y a desconfiar de él.

Fueron momentos muy desagradables, empecé a controlarlo, le llamaba constantemente y le preguntaba cosas como éstas:

¿Dónde estás?

¿Quién te llamó?

¿Con quién estás?

¿A qué hora sales del trabajo?, etc.

Lo que sucedió ya usted habrá de imaginarlo… Él optó por irse de mi vida, quedándome otra vez triste y frustrada.

Bueno, ahora reconozco que fue mi culpa pero ya es demasiado tarde, él ahora ya está casado con otra persona.

Luego tuve un tercer novio, pero esa relación sólo duró una semana, éste ni me dio explicación alguna, nada, simplemente se fue.

En estos últimos años ha surgido una enorme ansiedad en mi vida, me siento vieja, quiero casarme, quiero tener un hijo, no quiero quedarme sola, estoy desesperada… Me podrían dar un consejo que me aliente, me siento al borde de la locura. ¡Ayúdenme por favor!

Estimada Joven.

Voy a empezar diciéndote que no te desesperes por tu situación emocional.

La Biblia, la Palabra de Dios, es el mejor manual para la consejería, además que nos revela el plan de salvación para la humanidad y dice:

"Que todo tiene su tiempo y su hora" (Eclesiastés 3:1).

"Y todo lo hizo hermoso en su tiempo." (Eclesiastés 3:11).

Tu momento no ha llegado aún, pero en el nombre poderoso de Jesús, llegará.

Ahora tengo que decirte que el ser esposa y madre conlleva muchas responsabilidades; éste es el tiempo que Dios está permitiendo para que te prepares y ser una buena esposa y madre.

Te pregunto:

¿Te sientes preparada emocionalmente?

¿Eres libre del pasado, de traición y rechazo?

¿Cuántas recetas de comida sabes hacer?

¿Eres organizada en tu vida?

¿Estás dispuesta a sujetarte a ese varón que Dios te dé?

Quiero decirte que la mujer, en el hogar, tiene muchos roles. Entonces debes leer la Palabra de Dios, que en Proverbios 14:1 dice:

"La mujer sabia edifica su casa, mas la necia con sus manos la derriba".

El elemento más importante para que un hogar sea feliz es la sabiduría, debes aprender a ser una edificadora y no una mujer que derribe.

Siéntete dichosa porque tienes tiempo para prepararte, para que cuando llegue tu esposo lo hagas muy feliz y que sea tu casa un pedacito de cielo y no una lona de boxeo.

Mira, empieza a orar por él cada día, aunque no sepas quién es ni dónde está, y dile al Señor que lo bendiga y que también lo prepare para ese hermoso encuentro.

Lo primero que debes pedirle a Dios, que él sea temeroso de Él y que lo ame con todo su corazón.

Ahora invierte tu tiempo en prepararte en cada una de las áreas de tu vida; espiritualmente, emocionalmente, físicamente y en las tareas diarias que tengas que realizar, como el arreglo personal, la cocina, la decoración, etc.

Y cuando él aparezca en tu vida te sentirás segura de ti misma, sin complejos ni ataduras, sin resentimientos del pasado y lo podrás amar con toda libertad, pero recuerda; embellece primero tu interior con su Palabra y serás la esposa más deseada por ese Hombre de Dios.

Y dirás como dice el libro de Cantares: 2:11

"Porque he aquí ha pasado el invierno, se ha mudado, la lluvia se fue, se han mostrado las flores en el campo."

Olvida los tiempos de lloro y decepción que has vivido, entrégale al Señor Jesús tus cargas y Él te hará descansar.

Viene el tiempo de la canción en tu vida, tiempos de gozo y regocijo, mantén una sonrisa en tu boca y verás días maravillosos mientras esperas.

Encontré la Luz de JESÚS

LA CHICA ABUSADA CUANDO ERA NIÑA

Soy una mujer adulta, ya casada y con hijos, pero guardo muy dentro de mi corazón un odio grande en contra de un hombre que me hizo daño en mi niñez; no he podido superar lo que viví, fue un infierno en mi propia casa.

En el lugar donde tenía que ser amada y protegida, entró un hombre malvado que robó mi inocencia.

Yo jugaba con muñecas, corría por el patio de mi casa, era una niña muy feliz y, de repente llegó un hermano de mi mamá a visitarnos. Él empezó a darme cariño como mi tío que era; pero un día mientras mi mamá cocinaba, este hombre me siguió hasta el dormitorio donde yo tenía mis juguetes y empezó a bromear conmigo.

Era un hombre astuto, así que empezó a actuar para despistar a mi madre y poder llevar a cabo su malvado plan.

Un día ese hombre dijo que íbamos a jugar y empezó a correr por mi cuarto hasta que me llevó al baño y me empezó a tocar en mis partes íntimas, yo en mi pensamiento inocente creí que era un juego más.

Pero después de algunas veces que este hombre me tocó empezó a ejercer fuerza, empezó a lastimar mis manitas y ahí comenzó un temor y miedo hasta convertirse en terror, pues empezó a ser violento conmigo.

Yo quería gritarle a mi mama, pero él me amenazó: "No le digas nada a tu mamá ni a tu papá, éste es un secreto nuestro".

Mi mamá ignoraba lo que su propio hermano me estaba haciendo, hasta que un día no pude más y una noche empecé a llorar en mi camita, mi padre me escuchó y me preguntó: ¿Qué te pasa hijita? Como yo lloraba más, él se preocupó al verme llorando y gimiendo, entonces le pude decir que mi tío me había tocado y me había hecho maldades.

Y mi papá se encendió en ira contra él y contra mi madre, se puso furioso y cuando amaneció me llevó con él para denunciarlo. Así este hombre fue detenido y llevado a la cárcel para pagar su delito con una larga condena.

Pero aún sigue ese trauma en mi vida, no puedo olvidar todo lo que viví, me ha afectado siempre. Ahora, como esposa y como madre, pienso que toda persona que me visita puede dañar a mis hijos y, cuando se van a la escuela, me paso pensando quién se puede acercar a ellos para dañarlos, estoy volviéndome loca de tantos pensamientos que me invaden. Es por eso que pido un consejo, ¿cómo podría superar este trauma vivido?

Estimada Amiga:

Qué momentos más terribles los que tuvo que pasar, pero éste es el tiempo de liberación para su mente y su corazón, no puede seguir cargando el pasado de dolor y tormento.

Jesucristo fue llamado Varón de Dolores, experimentado en quebranto; Él sufrió los dolores y la carga del pecado de la humanidad.

Isaías 53:3 dice:

"Despreciado y desechado entre los hombres, varón de dolores, experimentado en quebranto; y como que escondimos de él el rostro, fue menospreciado y no lo estimamos."

Él sufrió y murió para que tú seas libre ahora.

Él fue torturado a lo máximo por tu sanidad.

Dio su vida completa para que tú y toda la humanidad seamos salvos y recibamos la vida eterna.

En esa condición de sufrimiento pudo decir Jesús:

"Padre, perdónalos, porque no saben lo que hacen." Lucas 23:34.

No es fácil perdonar lo que tú viviste, pero con Cristo en tu corazón lo podrás hacer, dile al Señor que te ayude y te aseguro que podrás hacerlo.

Hay muchos testimonios de personas que perdonaron a sus agresores, aun a quienes les quitaron la vida a sus seres muy amados.

¿Cómo lo lograron?

A través del Espíritu Santo.

Sé lo afectada que estás sicológica y emocionalmente, ya que fue algo íntimo y doloroso, pero quiero decirte que desde el momento que hablaste y buscaste ayuda ya empezó tu liberación, has roto el silencio y ese es un principio de tu liberación.

Dios es Todopoderoso para restaurar las áreas dañadas y poder renovar tus pensamientos y tu vida completa.

El profeta dijo en Jeremías 17:14:

"Sáname, oh Jehová, y seré sano; sálvame, y seré salvo; porque tú eres mi alabanza."

Los brazos de Dios te están esperando, para darte de su infinito amor.

Olvida toda amenaza hecha. Olvida las palabras y la fuerza con la cual fuiste tratada.

Te voy a conducir a una oración:

Padre Celestial, vengo a ti con el corazón roto, Tú conoces todo lo que yo viví en mi niñez, necesito de tu amor para ser consolado, pero antes quiero recibir tu perdón por todos mis pecados, me arrepiento y quiero que escribas mi nombre en el Libro de la Vida. Gracias por enviar a tu Unigénito Hijo al mundo para morir por mí, quiero ser una nueva persona y olvidar todo mi pasado y toda amenaza hecha en contra de mi persona. Te lo pido de corazón Padre en el nombre de Jesucristo, amén, amén y amén.

Encontré la Luz de JESÚS

MUJER LLENA DE AMARGURA Y ENOJO

Cuando era niña despertaba en la oscuridad de la noche cuando oía cómo mi padre golpeaba a mi madre.

Escuchaba cada noche cómo la maltrataba verbal y emocionalmente; eso sucedía cada noche y me sentía impotente ante tal situación, yo quería gritarle a él y defender a mi mamá.

Fui creciendo con ese resentimiento en contra de mi papá, no podía entender cómo él maltrataba a mi madre y, aunque han pasado los años, aún siento enojo con él.

Mientras crecía mi padre me corregía y yo no le obedecía y, aunque me castigaba, yo me rebelé en contra de él y le decía: "No me voy a dejar más."

Ese espíritu de amargura y rebeldía entró en mí y sentí odio por él durante mi vida, pero eso me ha perjudicado.

He tenido muchos problemas en mis relaciones personales, así como en los lugares donde he trabajado.

No tolero que nadie me alce la voz.

No le permito a nadie que me grite.

Me enojo cuando me dan órdenes.

No me alegra nada y me siento sola.

Tengo poca paciencia hasta con mis hijos.

Casi no tengo amigas, porque siempre peleo con ellas.

Me enojo fácilmente.

Eso que pasé de niña me ha ocasionado muchos problemas en mi relación matrimonial, también en los lugares de trabajo y hasta con mis amistades.

Mi esposo me ha preguntado muchas veces, ¿por qué me enojo constantemente y por qué soy amargada?, él me ha tenido mucha paciencia, pero últimamente lo he sentido alejado de mí y pasa en su teléfono más tiempo que antes; yo no quiero que mi carácter siga destruyendo mi hogar porque no obstante que ya le entregué mi vida al

Señor, no he podido superar ese enojo que nació cuando era una niña y escuchaba a mi padre maltratar a mi madre.

Pido un consejo que me pueda ayudar a salir de la amargura y el enojo constante que no me deja vivir en paz, no quiero que mi esposo se canse de mí, de sólo pensar que él me pueda dejar me aflijo mucho.

Ayúdeme, por favor.

Estimada Mujer

Comienzo diciéndote que todos en la vida pasamos situaciones adversas y que en este mundo tendremos muchas aflicciones, pero debemos de confiar que nuestro Salvador Jesucristo ha vencido al mundo.

Ya diste el primer paso que es recibir en tu corazón al que todo lo puede, ahora el paso siguiente es que Dios sane tu corazón, vende tus heridas y te puedas recuperar de lo doloroso que has vivido.

Y para ello debes leer la Palabra de Dios, que es la Biblia, ahí encontrarás la medicina para que puedas ser sana de esas dolencias emocionales y luego esa amargura y enojo tendrán que irse de tu corazón.

Ya que esa raíz de amargura te está estorbando a ti y a los que están cerca de ti, mira lo que dice la Biblia en Hebreos 12:15:

"Mirad bien, no sea que alguno deje de alcanzar la gracia de Dios; que brotando alguna raíz de amargura, os estorbe, y por ella muchos sean contaminados."

Así es querida amiga, a echar fuera esa amargura y ese enojo en el nombre de Jesucristo.

Efesios 4:31, 32 dice:

"Quítense de vosotros toda amargura, enojo, ira, gritería y maledicencia, y toda malicia.

Antes sed benignos unos con otros, misericordiosos, perdonándoos unos a otros, como Dios también os perdonó a vosotros en Cristo."

Ten fe, no te quedes sin actuar, tú no puedes permitir que la amargura y el enojo roben tu felicidad en tu propia vida, no puedes perder tu matrimonio ni mucho menos que tus hijos sean contaminados.

Levántate ahora mismo y empieza a orar en tu propio hogar, primero por ti, dile que tú quieres ser libre y Dios hará lo que tú no puedes hacer.

Éste es el día de tu milagro.

Hoy es el día de tu liberación.

Hoy es el día de tu sanidad interior.

No es mañana, ¡es hoy!

Serás una mujer llena de energía y gozo para seguir haciendo lo que Dios te ha mandado hacer, a llenar tu hogar de la paz que viene de lo Alto.

Encontré la Luz de JESÚS

HOMBRE LLENO DE COMPLEJOS

Desde que era niño jugaba con mis amigos y siempre se burlaban de mí, cuando iba a la escuela me ponían sobrenombres por la forma como yo hablaba, por el color de mi piel, por mi estatura y muchas otras cosas más.

Llegaba de la escuela a la casa muy triste por todo lo que yo pasaba, sólo llegaba a acostarme y no quería salir a jugar con mis amigos ni con los vecinos.

Aunque de niño me empezaron a llevar a la iglesia y escuchaba las enseñanzas bíblicas, me sentía muy bien cuando oía a los maestros, ahí sentía que se me olvidaba todo lo que había vivido en la escuela secular, pero cuando salía de la iglesia nuevamente me perseguía el rechazo.

Mi padre y mi madre notaron que algo me pasaba, me preguntaban cómo me había ido en la escuela y yo les decía que bien, porque no quería ponerme a llorar al hablar de todo lo que sufría.

Llegué a mi adolescencia y mis padres ya no me llevaron a la iglesia porque ellos se alejaron de la congregación y fue peor porque llevaba en mi corazón muchos complejos ya que me sentía que nadie me apreciaba, que todos me veían mal, no me sentía capaz de tener novia porque pensaba todas las chicas me iban a rechazar.

Aún no me he casado, soy mayor de edad pero me siento:

Inseguro de mí mismo.

Con una autoestima baja.

Lleno de pensamientos negativos.

Siento que no tengo ningún talento.

Me comparo con otros y me siento menos que ellos, y muchas cosas más que no edifican mi vida.

Pero dentro de mí siento que hay muchos anhelos y sueños que quiero realizar como:

Casarme y tener hijos.

Seguir estudiando y superarme.

Cambiar los pensamientos negativos por positivos.

Quiero sentirme que soy capaz de conquistar a alguien.

Quiero sentirme útil en la sociedad.

¡Ayúdenme por favor!

Estimado Hombre Acomplejado:

Estamos viviendo en un mundo lleno de maldad, casi todos hemos vivido algo parecido a lo tuyo, no nos hemos sentido valorados por las personas y algunos hasta han tenido complejos de inferioridad. Pero quiero decirte que tú eres la imagen de Dios, aunque hayas sido agredido física y emocionalmente.

Tenemos un enemigo desde el principio de la creación, cuyo propósito es destruir mentes y corazones para que algunas personas vivan vidas sin propósito. Pero cuando Dios te creó a ti te hizo a la perfección y diseño de Él, no eres cualquier cosa, eres hecho al deseo de Él.

Dios no ve, el hombre siempre ve lo que está delante de sus ojos, pero Dios ve el corazón.

Tú dices que cuando eras niño asistías a la iglesia y que eso te daba paz, te sentías bien ahí. Pero éste es el día que le entregues tu corazón y vida completa a Él, haz una oración y éste será el principio de tu liberación.

Repite esta oración y di:

Padre Celestial, Tú que me hiciste en el vientre de mi madre y formaste mi cuerpo a perfección, me acerco en este día reconociéndote como mi creador y quiero arrepentirme de todos mis pecados, sé que te he fallado ya que me he sentido inconforme de algunos rasgos físicos que Tú elegiste para mí. Hoy acepto el diseño tuyo, sé que tu amor ha sido el más grande porque enviaste a tu hijo Jesucristo a morir por mis pecados, y yo en este día lo reconozco como mi único suficiente salvador de mi alma, te pido que entres a lo más profundo de mi ser y que seas el dueño total de mi vida.

Padre, de nuevo te pido perdón por no haberme aceptado tal como Tú me hiciste, perdono en este día todas las ofensas que he recibido durante mi vida, escribe mi nombre en el Libro de la Vida, te lo pido en el nombre de tu Hijo Jesucristo, mi Señor y mi Salvador, amén, amén y amén.

¡Ese es tu Dios!

Ahora aprende a quererte tú mismo, dale gracias a Dios por cada miembro de tu cuerpo, siéntete sin defectos. Sal por las calles sin ningún miedo, ve a tomar el sol a la playa, a tomar un café tú solo y a ver las maravillas de Dios.

Esa mujer que Dios ha diseñado vendrá a tu vida en el momento perfecto para formar esa familia que siempre has deseado ya que no es bueno que el hombre esté solo.

Dice la Palabra de Dios, la Biblia:

Así que aliéntate en el Señor Jesucristo y verás cosas maravillosas.

Encontré la Luz de JESÚS

MI HERMANA ME QUITÓ A MI ESPOSO

Cuando mi esposo y yo vinimos a este país lo hicimos con mucho esfuerzo, ya que la situación en el nuestro era terrible, el lugar donde vivíamos fue invadido por la guerrilla y mataron a mucha población.

Vinimos con nuestros dos hijos y nos esforzamos por salir adelante, así que empezamos a trabajar con denuedo para alcanzar nuestra meta.

Después de diez años aquí, mi esposo y yo obtuvimos nuestra residencia, y él se fue a nuestro país a visitar a su mamá y a su familia. Yo me quedé aquí trabajando para seguir pagando los gastos de la casa.

A los tres meses de haber regresado de aquel viaje, mi esposo me dijo: "necesito ir nuevamente". Me pareció rara esa situación pero no dije nada, él insistió en que quería volver, nuevamente pidió permiso en su trabajo y se fue muy entusiasmado; yo pensé que eso era porque iba a ver a su familia y se sentía feliz.

Pero al regreso de su viaje empecé a verlo cambiado, pasaba mucho tiempo hablando en el teléfono y se le veía muy distraído, ya no me decía que fuéramos a comer, como antes lo hacía, ni tenía paciencia con nuestros hijos quienes aún eran jóvenes. Ya no pasaba tiempo con nosotros y a mí me dolía mi corazón porque una como esposa siente el rechazo, el desamor y la falta de atención.

Un día recibí la llamada de una de mis hermanas quien me dijo que quería venirse a este país, que si le ayudábamos porque la situación allá estaba cada día peor. Y claro, yo quise apoyarla y hablé con mi esposo, él de inmediato me dijo que sí, aunque lo noté muy entusiasmado. No sospeché nada respecto a esa reacción espontánea de él puesto que quien vendría era mi hermana.

Le enviamos dinero, así que ella viajó y gracias a Dios llegó con bien acá. La recibimos con mucha alegría, era la tía de mis hijos, mi hermana menor, de manera que la instalamos en una recámara y ella empezó a cuidar de la casa mientras mi esposo y yo trabajábamos arduamente para solventar todo lo referente a los pagos hogareños.

Un día que fui a trabajar mi patrona me dijo; "Mira, nosotros salimos de viaje hoy, así que toma tu pago de esta semana, vete a tu casa y descansa". Entonces yo regresé muy feliz dando gracias a Dios sin imaginar lo que ahí me esperaba y lo cuál fue mi sorpresa; primero vi el auto de mi esposo estacionado afuera de la casa y pensé; ¿qué pasó, por qué no fue a su trabajo?, pero me dio alegría al pensar que posiblemente a él también le habrían dado descanso ese día. También pensé que si mi marido estaba ahí, era porque le hubiese pasado algo a uno de nuestros hijos, entonces le pedí a Dios que no fuere así.

Recuerdo que era un día lluvioso, así que abrí la puerta y entré sin hacer ruido, cuando de repente oí que alguien se bañaba en la ducha y además escuché risas. Me quedé sorprendida y dije: "¡No puede ser!, ¿mi hermana está con mi esposo?". En mi mente había confusión, tenía una mezcla de sentimientos, sentía enojo y dolor al mismo tiempo.

Sin embargo, me armé de valor para seguir escuchando su conversación, quería gritar pero por dentro me ahogaba, ellos estaban recordando su romance desde que mi esposo fue de visita a nuestro país...Ella le decía, "¿cuándo piensas dejarla?, porque ya no aguanto más, necesito que la dejes y me saques de aquí, me siento incómoda y preocupada porque cualquier día ella se dé cuenta de lo nuestro".

Lo que escuché después, mientras que ambos caminaban en otra dirección, fue algo terrible. Ella le mencionó que tenía sospechas de estar embarazada y entonces exploté, abrí la puerta de mi recámara en donde ahora ellos se encontraban. Vi que estaban en mi propia cama y sin ropa, entré completamente descontrolada y empecé a gritar y a decirles que se fueran de mi casa, que no quería volver a verlos nunca, me sentía traicionada y humillada. ¿Cómo era posible?, pensé. Deseaba con todo mi corazón que aquello fuera una pesadilla, un mal sueño... Pero era la cruda realidad.

El rostro de mi esposo se puso pálido, no podía creer que yo estuviera ahí, que los hubiere hallado 'in fraganti'. Mi hermana me dijo que yo no lo atendía bien (a mi marido) y que ella se había enamorado de él; que se convirtieron en amantes desde la primera vez que él viajó a nuestro país. El cinismo de ella me puso aún más mal.

Dieciocho años de feliz matrimonio fueron destruidos por mi propia sangre, ¡no lo podía comprender, el padre de mis hijos haciéndome esto!, qué crueldad, qué falta de entendimiento por parte de los dos.

Tras de haber sido descubiertos y al ver mi gran enojo, en ese momento ellos salieron de la casa casi corriendo. Pero a mí me dio una crisis emocional, la que hasta el día de hoy no he podido superar. Mis hijos se dieron cuenta después pues yo callé al principio, pero fue imposible no contarles todo lo que había pasado. Ellos también fueron marcados con esa noticia porque no podían creer lo que sucedió, su padre trató luego de darles una explicación, pero ellos, hasta hoy, le guardan rencor por haberme dejado a mí y haberse ido a vivir con mi propia hermana.

¡Qué pecado! Sin embargo, siguen juntos como si nada hubiese pasado, pero nos dejaron destruidos a mis hijos y a mí, marcados con un dolor en el corazón.

No he podido perdonarlos a él ni a mi hermana, para mí ha sido algo que no puedo superar, es más fuerte que yo. Él ya tiene dos hijos con ella y no veo que ambos estén arrepentidos de lo que hicieron.

Por favor, deseo ser libre de este gran resentimiento y me pregunto cuándo llegará el día que pueda olvidar este episodio de mi vida. Necesito su consejo, ya no puedo más, me siento muy desdichada y mi autoestima está por los suelos, no puedo superar esta traición.

Estimada amiga:

Cuánto siento lo que te ha pasado, estamos viviendo en un mundo controversial y lleno de maldad, donde se ha perdido el respeto y la confianza, mismos que entre las parejas deberían existir.

¡Qué momentos más dolorosos has pasado!, asimismo, ya diste el primer paso al expresar tus emociones y eso es muy importante para poder sanar la profunda herida que te dejó tu esposo, por esa traición y adulterio que él y tu hermana cometieron en contra tuya.

Ahora mismo empieza a pensar más en ti, para ello lo primero es entregar toda esa pesada carga que llevas en tu corazón.

¿A quién se la debes entregar?

Al único fiel, al que te creó, al que te ha amado con amor eterno, a Dios Todopoderoso, porque Él es fiel. Él te dará el descanso, sanará cada una de las heridas que esta traición por parte de los dos te ha dejado y dolor en tu corazón.

Tu esposo, el que hizo un pacto de amarte y serte fiel hasta la muerte, y tu hermana a la cual brindaste tu confianza abriéndole las puertas de tu casa para recibirla con amor y le ayudaste.

Ellos te fallaron... Pero Dios nunca lo hará, en Él hay esperanza para superar todo trauma en tu vida.

Relájate, toma tiempo para ti, sal a caminar, a tomarte un té, un helado o lo que prefieras, pero sal de tu casa, no te quedes allí acariciando tu dolor; olvida, perdona y sé libre.

¡Levántate, no te quedes estancada!

Dios te dará las fuerzas, no hay nada imposible para Él, recuéstate en su hombro ya que la vida continúa y es hermosa.

Luego debes perdonar, nadie es perfecto en este mundo, todos los hombres y mujeres fallamos, hay personas dentro del matrimonio que dicen: "Todo lo puedo perdonar, menos una traición." Pero hay muchos matrimonios que sí han superado este gran mal de la infidelidad y ahora mismo, como pareja, están superando la adversidad y con un verdadero arrepentimiento se han restaurado gracias a Dios.

En el caso tuyo, tu esposo se fue con tu hermana, él lo decidió así, ahora tú eres libre, podríamos decir, pero recuerda que ahora el que ha tomado la posición de esposo es Jehová de los ejércitos, su Palabra lo dice en Isaías 54:5, 6.

"Porque tu marido es tu Hacedor; Jehová de los ejércitos es su nombre; y tu Redentor, el Santo de Israel; Dios de toda la tierra será llamado.

Porque como a mujer abandonada y triste de espíritu te llamó Jehová, y como a la esposa de la juventud que es repudiada, dijo el Dios tuyo."

Ahora tienes una cobertura divina directa y, lo mejor de lo mejor, es que Él nunca te fallará, al contrario, te ayudará en todas las áreas, mental, emocional, física y, ante todo, espiritualmente. Así podrás superar esta infidelidad que tanto te ha dolido.

Por favor, levántate en el nombre de Jesús y clama a Él, porque Él te responderá y te dará la fortaleza que necesitas, descansa en Él.

Y ahora enfrenta con valentía y sin temor lo que te pasó, nada ni nadie podrá detenerte, la vida sigue y con Jesucristo a tu lado nadie podrá destruirte.

Deja de sentirte culpable, los que te fallaron fueron ellos, vístete tu ropa hermosa, perfúmate y gózate con el Dios tuyo; entrégale todas tus cargas a Él.

Trabaja en tu autoestima, tienes la Palabra de Dios, la Biblia, donde encontrarás una riqueza de consejos para que puedas superar todo tu pasado y vivas hoy un día a la vez.

De tus hijos no te preocupes, si han sido abandonados hay promesa de Dios para ellos.

"Y todos tus hijos serán enseñados por Jehová; y se multiplicará la paz de tus hijos." Isaías 54:13.

Mira qué gran promesa para tus hijos también, así es que no te desalientes, fíate de Jehová con todo tu corazón, no te apoyes en tu propia prudencia porque Él es el que ordenará tus pasos; Él te guía por el buen camino.

Tienes a un Dios de Amor, ¿qué más puedes desear?, sino disfrutar cada momento de tu vida con Dios, pues Él, vendará y curará cada herida y, asimismo, lo harás tú con tus hijos. Así que olvida, eso ha quedado atrás, mejor enfréntate a lo que viene para tu vida.

Adelante mujer de Dios y recuerda; siempre Él te quita todo lo que te estorba, dale gracias porque lo quitó de tu vida, porque tarde o temprano él te hubiera traicionado de nuevo, descansa en El Señor Todopoderoso.

Encontré la Luz de JESÚS

MI HIJA SE AVERGÜENZA DE MÍ PORQUE SOY MAMÁ SOLTERA

El padre de mi hija me abandonó desde que ella estaba en mi vientre, pues él al darse cuenta de mi embarazo quiso que me hiciera un aborto, lo cual me partió el corazón. Le contesté que no lo iba a hacer nunca y le dije que sólo los hombres cobardes podrían proponer semejante cosa. Así que él se alejó de mí y no le volví a ver.

Pasaron los años mientras ella crecía y siempre me vio a mí sola trabajando muy duro para sacarla adelante, pero nunca vio una figura paternal en el hogar. Confieso que eso me daba mucha tristeza, que ella no creciera al lado de su padre.

Mientras iba pasando el tiempo, ella me empezó a preguntar dónde estaba su papá y yo le decía que se había ido de viaje a un lugar lejano, para no decirle la verdad y dañarle su corazón. Me preguntaba si yo tenía fotos de él pues quería conocerlo y yo le decía que no, que las únicas fotos que yo tenía de él, las rompí y las eché a la basura cuando él no quiso hacerse cargo de ella y a mí me abandonó, él por su inmadurez no tomó su responsabilidad.

¡Qué gran error el que cometí!, hoy me arrepiento tanto.

Cuando empezó a ir a la escuela, ella veía cómo algunos papás recogían a sus hijas del plantel y escuchaba cómo sus amiguitas hablaban de ellos con alegría, cuando éstos les compraban juguetes y les daban amor. Me decía; "Yo quiero tener a mi papá, ¿cuándo va a venir a verme, cuándo podré hablar con él, cuándo lo voy a conocer?".

Al escucharla se me partía el corazón, pero no tengo el valor de decirle o contarle lo que pasó, necesito ser sabia para que ella pueda escuchar la verdad respecto a su papá y no sé cómo empezar a decirle el por qué nos abandonó.

Mi hija, en este momento, siento que se avergüenza de mí. Yo me acerco a ella algunas veces y voy a recogerla a la escuela, pero ya me dijo que no vaya, que ella puede tomar el autobús. Y se aleja rápido de mí, no permite que mantengamos una cercanía.

Sus miradas hacia mí son con desprecio, siento que me ve mal en la forma como me visto y me menosprecia, siempre me compara con las otras mamás. Yo lloro mucho por ese alejamiento de mi hija pues yo no soy culpable de lo que hizo su papá.

Yo sé que he hecho mal al mentirle y no decirle la verdadera realidad de su padre, pero siento que la voy a herir más. No sé qué hacer ya que cada día me siento más distanciada de ella y la brecha que se abre me causa dolor.

No sé cómo decirle la verdad, que su progenitor la rechazó y no quiso saber nada de ella. Cada día para mí es un tormento, me habla mal, está demasiado rebelde, está llegando a casa muy tarde y, cuando le pregunto ¿dónde fue?, se enoja mucho y empieza a gritar y me dice que la deje en paz, que no quiere verme, que la deje vivir su propia vida y muchas cosas más que me ofenden. Me pregunto; ¿hasta cuándo terminará todo esto?... Cada día que pasa es una pesadilla en mi vida con esta situación que hay en mi hija y yo me siento atormentada.

Quiero que me den un consejo, uno que traiga paz a mi corazón, para así tener la libertad de hablar con mi hija y contarle la verdad de su padre.

Confío en que usted me dará un buen consejo y sé que vendrá de parte de Dios.

Estimada mujer:

Primero deja de sentirte atormentada, en Cristo Jesús encontrarás la medicina para tu vida porque, aunque su padre abandonó a tu hija, el Señor la recoge y la ama.

Después de sentirte rechazada por este hombre que te trató de esa manera y quiso atentar contra la vida de su propia hija, quiero decirte que eres una mujer con un valor incalculable y muy valiente.

Protegiste una vida inocente que en tu vientre no se podía defender y no te importó el desafío, eres digna de sentirte orgullosa de ti. Dios desde el cielo te aplaudió por haber protegido lo que sus manos estaban formando dentro de ti, ese fruto de tus entrañas.

Aunque tu hija no entienda en este momento, debes hablar con ella, gánate su confianza, explícale cómo fueron las cosas, háblale con la verdad; pero antes de hacerlo tienes que ir a la presencia del Dios eterno y así podrás tener las palabras que serán medicina para que tu hija pueda entender lo que tú viviste y el dolor que sentiste al ser abandonada por su padre.

Coméntale que tú la protegiste, eres una mujer digna de admiración. También ella debe saber lo que sucedió con su padre, pero antes de decirle todo eso, háblale de su Padre Celestial, dile quién la ha cuidado, la ha sustentado hasta hoy y que Él es su verdadero Padre y que nunca la va a abandonar.

Ora mucho antes de hacerlo para que las palabras que salgan de tu boca puedan impactar su corazón y tocarle en lo más íntimo de ella, para que pueda sanar ese dolor que le provocó el abandono.

La mayoría de jóvenes en la etapa de la adolescencia pasan momentos difíciles, así el enemigo busca siempre separarlos de sus padres para que no se amen. Pero recuerda que Dios envió a su Unigénito Hijo al mundo para destruir todo poder del enemigo de nuestras almas, y él no tiene poder alguno para destruir a los hijos de Dios y ella es una hija de Él, a la cual escogió desde antes de la fundación del mundo y la ama.

Dile a tu hija qué habría pasado en su vida si hubiere tenido un padre abusador, un padre irresponsable, un padre sin amor. Eso habría sido más doloroso aún.

Cada día háblale de ese Padre que ha estado presente en su vida siempre, para que ella aprenda a tener una relación directa con Él.

Dile que ahora más que nunca deben estar unidas para enfrentarse y apoyarse la una a la otra y ver las bendiciones que Dios les traerá y la prosperidad y multiplicación en su vida en todas las áreas.

Recuerda la promesa que tienes para ti, en Isaías 57:14ª.

"Ningún arma forjada contra ti prosperará, y condenarás toda lengua que se levante contra ti en juicio."

Toma un tiempo diario de comunión con ese Dios que te ha dado salud y te permitió trabajar arduamente por sacar a tu hija adelante. Tienes la autoridad para condenar toda lengua que quiera levantarse contra ti y juzgarte de lo que ellos no saben. El reino de las tinieblas queda avergonzado de todo.

Así Dios sanará el corazón de tu hija como lo ha hecho con muchos otros jóvenes que odiaban a sus propios padres, no te desalientes por nada, no recibas ninguna palabra de las que ella te dice, cuando lleguen a tus oídos no las dejes entrar a tu corazón, sácalas inmediatamente y el enemigo huirá de tus pensamientos.

Recuerda, Dios estuvo, está y estará siempre contigo y también con tu hija; perdónala y reconoce la falta de afecto que no tuvo, tenle paciencia que el enemigo no ganará esta batalla, tú eres vencedora porque Jesucristo en la Cruz del Calvario compró nuestra victoria sobre toda fuerza del mal y nos ha hecho más que vencedores.

Para Él somos importantes tú, tu hija y todos los que le han aceptado en su corazón como su único Señor y Salvador.

Encontré la Luz de JESÚS

EL PADRE QUE ABANDONA A SUS HIJOS Y SE VA CON OTRA, PARA MANTENER A LOS HIJOS DE OTRO HOMBRE

Juró amarme siempre, dijo que nunca me dejaría, que yo era y sería siempre el amor de su vida…Esas y cuántas palabras más, todas bonitas, que hasta hoy se las llevó el viento.

Yo tenía una familia feliz, era lo que yo pensaba y sentía, pues mi esposo como padre era un hombre cariñoso y responsable. No tenía nada que reprocharle.

Mientras los niños empezaron a crecer, él se daba tiempo para jugar con ellos, hacer juntos las tareas y para sacarlos a pasear cada fin de semana. En fin, parecíamos una familia muy feliz, mis hijos, mi esposo y yo.

Me sentía orgullosa de mi hogar, no tenía nada que envidiarle a nadie, no nos faltaba comida en la mesa, pagábamos las facturas de todos los gastos a tiempo y había siempre un pequeño ahorro.

Pasaron quince años, hasta que de pronto un día él me llamó diciéndome que no llegaría a la casa porque su jefe le había pedido que se quedara al siguiente turno por falta de personal. Sinceramente, yo me sentí mal por su falta de atención hacia nosotros.

Sin embargo, luego empezó a comportarse muy distraído y de mal humor conmigo, nuestros hijos le pedían que fuera con ellos al cine, pero él se negaba a hacerlo diciendo que estaba cansado de tanto trabajar y cada día tenía diferentes pretextos para no darnos su tiempo.

Yo como esposa también lo noté menos cariñoso, cuando me acercaba a él me rechazaba, lo que antes nunca había hecho, al contrario, me pedía que estuviera a su lado para ver televisión. Yo me arreglaba mejor que antes para que él se fijara en mí, pero nada de eso funcionaba. Un día él entró al baño y pude notar que se había llevado su teléfono y tardaba mucho, ya no lo dejaba en cualquier lugar como antes sino que siempre lo traía en su mano o lo guardaba.

Esta situación me empezó a preocupar y pensé; ¿será que tiene "otra persona"?, pero no me atrevía a preguntarle porque no quería enfrentar la realidad o porque no quería perderlo, sentía temor únicamente al pensar que él pudiera dejarnos.

Un día llegó de su trabajo y me dijo que la compañía se iba a trasladar a otro Estado y que le habían dicho que lo necesitaban a él. Así fue que habló conmigo, pero me dijo que él estaría viajando cada mes para traernos la provisión para el hogar.

Así como estaba la situación económica en el país, mis hijos y yo estuvimos de acuerdo y aceptamos su decisión que se fuera a trabajar lejos de nosotros.

Los primeros dos meses vino a casa trayendo el dinero para cubrir los gastos y el sostenimiento de la misma, aunque yo también trabajaba vendiendo productos desde mi casa, en eso yo era muy independiente, eso me servía para ayudar con los gastos de nuestro hogar.

Pero después de tres meses que mi esposo supuestamente se fue a trabajar fuera, me llamó para decirme que la compañía iba a cerrar, pero que un compañero de labores le dijo que había trabajo en otro lugar y que ambos empezarían a trabajar allí…Luego de eso, él ya no regresó a la casa, sólo nos llamaba una vez a la semana por teléfono, hasta que un día dejó de comunicarse con nosotros.

Ese silencio me dolió mucho porque en mi interior sabía que posiblemente nos había abandonado a sus hijos y a mí.

Pasaron los meses y decidí averiguar qué en realidad estaba pasando en la vida de mi esposo, tenía la dirección de su primer trabajo así que me atreví a viajar acompañada de una hermana mía, para ver la realidad de todo lo que estaba pasando, de su ausencia y desamor hacia nosotros.

Así pudimos averiguar que el muy sinvergüenza nos había engañado, la verdad era que se había ido con una mujer menor que él y con cuatro hijos de diferentes relaciones. Pero él trabajaba para mantener a esos hijos, olvidándose así de los que eran suyos, de su responsabilidad como padre y esposo. ¡Qué dolor y qué coraje!

Lamentablemente cuando fui a tocar la puerta de esa casa no estaba nadie ese día, volví al siguiente día y unos vecinos me dijeron que sus habitantes habían salido de vacaciones y según ellos, eran una pareja muy feliz.

Abrí mi corazón a esa señora y le conté que él era mi esposo y que tenía dos hijos con él. Ella me dijo: "Cuánto lo siento, pero su esposo se ve muy trabajador y mantiene a esos niños como si fueran de él".

Entonces le pedí a ella: "Cuando usted lo vea, dígale por favor que lo vino a buscar su esposa, la que dejó allá con sus hijos, a la cual abandonó sin misericordia, a la cual olvidó".

Me regresé con mi hermana, pero yo me sentía completamente destrozada, esa vecina me dio detalles de cómo él trataba a esos niños, mientras que aquí los hijos de él carecían de su cariño y de su apoyo; inclusive se estaban portando muy rebeldes por el abandono de su padre, ignorábamos la razón por la cual él nos abandonó y nos dejó sin que hubiera motivo alguno.

No puedo superar esta situación, hasta la fecha no sabemos nada de él, ni siquiera se acuerda de darles una llamada a sus hijos. ¿Qué puedo hacer para que mis hijos y yo también podamos perdonarlo?, porque hasta hoy no hemos podido hacerlo y nos sentimos muy lastimados por su acción e irresponsabilidad.

Estimada Mujer Abandonada:

Cuántas tribulaciones han pasado tú y tus hijos, pero quiero decirte que el corazón de Dios es lleno de amor y misericordia, así que no temas.

El hecho que tu esposo y padre de tus hijos los haya abandonado, no quiere decir que Dios lo haya hecho también.

Su Palabra dice que: aunque tu madre y tu padre te abandonaran, Dios no lo hará.

Tu esposo al dejar el hogar, te ha dejado como una viuda y a tus hijos como huérfanos. Pero alguien divino ha tomado el lugar de él. Así que a secarte esas lágrimas y levántate ahora mismo de esa condición de derrota.

Dios siempre ha exhortado a la humanidad, que nadie aflija al huérfano y a la viuda.

Mira qué privilegio, ahora tú y tus hijos tienen a un defensor, no sigas viviendo en la tristeza y el dolor y, cuando vengan esos pensamientos negativos, cámbialos porque tu Salvador Jesucristo murió en la Cruz del Calvario y ahí compró con su sangre tu salvación y liberación del dolor y el rechazo.

Suelta ya tu pasado y déjate consolar por el verdadero dueño de tu vida.

"Padre de huérfanos y defensor de viudas". Salmo 68:5.

Defensor, mira qué gran privilegio tienen ahora ustedes, no hay que buscar un defensor, desde el cielo vendrá directamente el que estará guiándote siempre.

"Defended al débil y al huérfano, haced justicia al afligido y al menesteroso.

Librad al afligido y al necesitado; libradlo de mano de los impíos." Salmo 82:3, 4.

El corazón de tu esposo se desvió y la tentación lo venció, a tal grado de menospreciar a su propia familia, él actuó con injusticia. Pero deja que Dios trate con él y lo discipline, Dios sabe hacerlo con cada ser humano y él tendrá su pago de acuerdo a como ha obrado con ustedes, su familia.

Perdona, por tu bien y el de tus hijos, Dios te ha dado la capacidad de sacar a tus hijos adelante, muchas puertas se abrirán en tu vida para que puedas sostener tu hogar. Porque Dios Todopoderoso siempre te guarda en el hueco de su mano y te sustentará, créele, nunca faltará para tu mesa, para ti y para tus amados hijos.

No te sientas en desaliento.

No te sientas menospreciada.

No sigas sufriendo en tu corazón.

Días y años mejores vienen a la vida de ustedes, no tengas temor mujer, porque adelante está la victoria.

"Jehová guarda a los extranjeros; al huérfano y a la viuda sostiene, y el camino de los impíos trastorna." Salmo 146:9.

Otra promesa para ti, te sostendrá con la diestra de su mano.

Hay mucha palabra del cielo para ti, escudriña en la Biblia ahí te habla Dios y tu vida cambiará, a tus hijos no les hables mal de su padre, no les llenes el corazón de resentimiento, trata de mantenerlos en oración, diles que el único fiel es nuestro Dios y Él es el verdadero Padre de ellos.

Porque Él nunca los abandona ni los dejará, Él estará con ellos hasta la eternidad.

Asimismo, cosas grandes y hermosas vienen para la vida tuya y de tus hijos, así es que vive cada día confiando en que no estás sola ni lo estarás nunca.

Si pones a Dios en primer lugar en tu vida nadie te podrá hacer frente, recuerda que tienes un defensor, un protector y un sustentador que es tu Padre Amado Celestial y Él es el mismo Padre de tus hijos.

Disfruta tu vida cada día y verás la gloria de Dios, no te olvides de orar, clama de corazón y verás la bendición que caerá sobre tu vida y la de tus hijos. No te faltará nada, porque lo que emprendas será bendecido por Dios.

Tus hijos conocerán a su Padre verdadero y le servirán y llegarán a perdonar y a tener compasión por su padre.

Recuerda, todo tiene su tiempo y su hora, espera en Dios y Él hará lo que tiene que hacer.

Es una nueva etapa en tu vida, así que a comenzar de nuevo con fe en el Todopoderoso.

¡Fortalécete y aliéntate en Jesucristo!

Encontré la Luz de JESÚS

MUJER DESESPERADA POR LA AUSENCIA DE SU PADRE

Mi vida ha sido muy dura, cuando era niña mis padres se separaron, eso fue para mí como que el mundo se acababa y aún no he podido superar esa pérdida en mi vida. He intentado buscar ayuda profesional y, sin embargo, no he obtenido ninguna respuesta.

A mi madre le tocó criarnos sola junto con mis hermanos, ella trabajó muy duro, lavaba ajeno, les acarreaba agua a los vecinos y muchas cosas más; ella se esmeró para que hubiera alimento en la mesa de nuestra casa y vivimos gracias a Dios y a la fortaleza de mi madre.

Pero mientras iba creciendo, siempre anhelaba la figura paternal en mi vida, anduve buscando ese afecto en diferentes relaciones, las cuales iban dejando heridas y profundas huellas en mi corazón; porque sin dirección, únicamente por emoción, los aceptaba y sólo era para no sentirme sola.

A pesar de esas decepciones amorosas trataba de levantarme, pero continuaba una y otra vez buscando en el afecto varonil llenar esa necesidad de un padre en mi vida, llegando a tal grado que no me importaba dar todo sin recibir lo que yo merecía como mujer. Muchas veces, por mantener esas relaciones, trabajaba yo para ellos entregando todo mi esfuerzo y algunos hasta me robaron el fruto de mi trabajo. Pero a pesar de todo eso, yo seguía dando todo mi corazón y lo que pasaba era que al final unos me dejaban sin darme ninguna explicación y simplemente se olvidaban de sus propios hijos; otros me mentían y hasta hubo alguien que descaradamente me dijo: "Tú no vales nada".

Fueron dolorosas esas palabras que marcaron negativamente mis sentimientos causándome una autoestima demasiado baja, decepción y amargura en mi corazón, esto fue durante muchos años.

Cabe mencionar que siempre sacaron provecho de mí y luego huían, se iban.

Ha pasado el tiempo y me siento desdichada, tengo tres hijos de diferentes relaciones a los cuales amo mucho, pero siento que no he sido una madre ejemplar para ellos y me pregunto: ¿Por qué me tocó vivir de esta manera?, ¿Y por qué hay ese vacío tan grande dentro de mí?

En mis depresiones he intentado hacer algo en contra de mi vida, en una ocasión tomé muchas pastillas pues no quería despertar a la realidad, pero luego las vomité; en otra ocasión traté de tirarme de una gran altura y en ese momento recibí una llamada de mi hija diciéndome: "Mamá te necesito", esto no era casualidad y ahí sentí que debería seguir viviendo por ellos.

Qué oscuridad y qué soledad hay en mi vida.

A pesar de todo lo que he vivido, no he podido superar la ausencia de un padre en mi vida; esta opresión que sigo sintiendo dentro de mí está afectando a mí y a mis hijos. Estoy muy desesperada y buscando dónde refugiarme o quién escuche mi historia. No, no puedo superar esto que me pasó. ¡Ayúdenme por favor!

Querida Mujer Desesperada:

¡Hay buenas noticias para ti hoy!, en la Palabra de Dios, la Biblia, encontramos en el libro de Jeremías 31: 3 que dice: "Con Amor eterno te he amado"; palabras del mismo cielo para ti, hay alguien que te ha amado antes que tú fueras engendrada en el vientre de tu madre, desde antes de la fundación tú fuiste predestinada.

¡Esto es maravilloso!

Dios es tu verdadero Padre, Él es el Padre del huérfano y Esposo de la viuda; dice su bendita Palabra, y tú debes creerla.

Ese Padre que tienes en el cielo, envió a su Unigénito Hijo Jesucristo al mundo para morir por tus pecados y venció en la Cruz del Calvario a todos aquellos opresores que han querido destruirte durante tu vida; Jesús dio su vida por ti. El primer paso que debes hacer hoy es entregarle a Él todo tu ser hoy y tu vida dará un cambio total.

Sentirás el gozo, la alegría y la llenura que Él te ofrece.

¿Deseas hacerlo hoy?

Recibiendo a Jesucristo en tu corazón sentirás una paz y el Espíritu Santo empezará a llenar tu corazón, de ese amor paterno que siempre has anhelado pero éste sí es el verdadero y no te hará daño; al contrario, bendecirá tu vida y te protegerá siempre de todo mal.

Aquellas áreas de tus sentimientos que fueron dañadas, serán edificadas y además serás adornada por fuera y por dentro; reflejarás la belleza de Jesucristo, estarás llena de alegría y recobrarás las energías que has perdido por el dolor que has llevado en tu corazón.

Por eso ahora mismo; ¡levántate mujer! porque ha llegado la luz a tu vida, tú tienes un gran valor, eres de gran estima ante los ojos de Dios y además tienes una vida por delante; no llores más ni busques en los afectos humanos lo que solamente podrás recibir de Dios, tu nombre será cambiado de desesperada a: Mujer optimista y serena.

¡La vida con Jesucristo es preciosa! Experiméntala.

No la desperdicies viviendo en el dolor, Él te está esperando con los brazos abiertos y con amor te consuela. Deja de sufrir, renuncia ahora mismo a esa vida de dolor, de soledad, ya no estarás nunca sola porque Él estará siempre contigo, Él es el único que nunca te va a fallar ni te abandonará, porque para Él eres la niña de sus ojos.

Acepta su amor hoy, porque Dios es Todopoderoso y Eterno.

Encontré la Luz de JESÚS

HOMBRE DESDICHADO POR NO CUMPLIR UNA PROMESA A SU MADRE

Nací en el campo, en un lugar lejano a la gran ciudad, en donde desde que era niño me hicieron trabajar muy duro en tareas que deberían hacer las personas mayores; tenía que madrugar y acostarme con el cuerpo muy cansado, muchas veces sin cenar y como si eso hubiera sido poco, muchas veces llegaba a mi cama con el cuerpo golpeado por mi padre, quien era alcohólico.

Eso sucedía cuando no le parecía cómo hacía yo el trabajo, me esperaba un cinturón de cuero que estaba listo para mí y me golpeaba sin misericordia alguna. Cuando me veía llorar me decía; "tienes que aprender a ser hombre, tienes que trabajar duro y traer dinero a esta casa". Ése era mi diario vivir, ¡qué pesadilla!, y yo era aún un niño.

Así fue naciendo un resentimiento muy grande dentro de mí hacia mi padre, tanto que llegué al punto de sentir odio, quería que el tiempo pasara volando y salir pronto de aquel lugar de sufrimiento, pues jamás sentí que fuera un hogar.

Lo más insoportable era ver cómo él agredía a mi madre, en la oscuridad de la noche escuchaba cómo la maltrataba y golpeaba, pero a pesar de todo ese abuso, al día siguiente veía a mi madre que se levantaba muy temprano a preparar los alimentos como que si nada hubiera pasado la noche anterior, eso para mí era un martirio y sentía dolor en mi corazón, mas no podía hacer nada pues era muy chico.

Y yo decía dentro de mí; "un día me voy a ir de aquí y me voy a llevar a mi madre para que no siga sufriendo". Eso revoloteaba día y noche en mi mente.

Cuando cumplí diez años recuerdo que fui agredido por mi padre de una manera muy cruel por defender a mi madre cuando él la estaba golpeando. Esa noche fue la de mi huida, mientras escuchaba los ronquidos de él, porque cabe recalcar que él tomaba bebidas todos los días debido a su alcoholismo.

Yo no sabía qué rumbo llevaba, sólo sé que salté por la ventana del cuarto donde dormía y empecé a caminar y caminar mientras lloraba y decía: "¿Dónde está Dios"?, ¿Existirá Dios?... ¿Por qué hay tanto sufrimiento en mi vida? ¡Qué dolor sentía mi corazón!

Después de caminar por algunas horas me sentí cansado y me acerqué a una casita pequeña a pedir agua, lo mejor fue que ahí también me dieron comida.

Me preguntaron quiénes eran mis padres y por qué andaba solo, no les conté nada porque sentía que mi corazón se estremecía por dentro por el dolor de llevaba, además que, si me desabotonaba la camisa, iban a ver los golpes que mi padre enfurecido me había dado, me había lastimado tanto que las heridas aún me ardían.

Más adelante le pedí trabajo a un señor y él me dijo que le ayudara en una pequeña tienda que tenía. Luego de algún tiempo me fui solo a la capital de mi país, había aprendido a trabajar y así lo seguí haciendo para sostenerme. Pero siempre dije: "Algún día voy a regresar por mi madre y la rescataré del yugo de mi padre".

Pero lamentablemente eso no pudo ser, cuando regresé mi madre ya no estaba con nosotros, ya se había ido a la presencia de Dios.

Fue un golpe tan grande que aún no he podido superar, además de los que llevaba en mi corazón. Eso hizo que las heridas crecieran más y empecé a odiar más a mi padre y a desear su muerte; tan sólo recordar su rostro y sus maltratos, me hacían tenerle más coraje y desprecio.

Únicamente tenía 18 años cuando conocí a mi esposa y sin darme cuenta empecé a seguir el ejemplo de mi padre, a gritarle y a faltarle al respeto a mi mujer. Vinieron mis hijos a quienes amo grandemente, pero a mi esposa, reconozco que no le he tratado bien, me ha soportado muchos años y quiero ser diferente con ella, pero el pasado que viví en mi propia casa no me deja ser libre, tengo más ataduras que marcaron mi vida desde la niñez.

No quiero repetir el ciclo de mi padre, pero no sé cómo cambiar, siento que lo debo hacer, yo amo a mi esposa, yo quiero ser diferente, no quiero gritarle ni maltratarla y, sin embargo, lo hago.

Muchas veces me vienen las imágenes de los maltratos de mi padre hacia mi madre y ahí siento que me ciego de impotencia por no haber podido defenderla. ¡Ah!, pero ahora yo mismo estoy repitiendo su historia.

Quiero un consejo, quiero cambiar pero me ha sido imposible hasta hoy; ya no soporto más ser como soy, mi padre es ya un anciano pero aun así siento odio contra él, quiero perdonarlo y deseo de corazón ser diferente y tener una actitud buena para mi amada esposa.

¿Cómo puedo cambiar mi mal carácter y mi mal proceder con ella?

Necesito un consejo, uno que pueda darle paz y tranquilidad a mi corazón que aún se encuentra herido y yo desorientado, sin saber qué hacer, estoy desesperado.

Estimado Hombre Desdichado:

Mira, tu dolor termina hoy, no mañana, ¡es hoy! Tú de niño te preguntabas: ¿Dónde está Dios, existirá Él? Y si Dios está en su trono de gloria, la maldad de los hombres ha sido multiplicada porque hay uno que se rebeló contra Dios desde el principio, ese es Satanás, el padre de toda mentira, de toda maldad y oscuridad.

La sanidad interior que tu alma necesita sólo puede ser sanada por Jesucristo, el Hijo de Dios, Él sufrió nuestros dolores y su Palabra dice:

"Yo soy Jehová tu sanador", en Éxodo 15:26.

"Él es el que sana todas tus dolencias" Salmo 103:3.

Jesucristo vino a salvar lo que se había perdido, tú fuiste rescatado por Dios en esos momentos de dolor; debes reconocerle como el Salvador de tu vida, todos hemos pecado y el pecado nos ha separado del amor de Dios, pero dice en su Palabra, la Biblia, que Dios muestra su amor para con nosotros porque aun siendo pecadores Cristo murió por nosotros, tú lo has expresado, deseas un cambio de vida y sabes que tu corazón necesita ser sanado; Jesucristo en la Cruz del Calvario conquistó una vida mejor para nosotros. Su amor y gracia son suficientes para hacernos libres del pasado.

Él te dice hoy:

"No os acordéis de las cosas pasadas, ni traigáis a memoria las cosas antiguas.

He aquí que yo hago cosa nueva; pronto saldrá a luz; ¿No la conoceréis? Otra vez abriré camino en el desierto, y ríos en la soledad." Isaías 43:18, 19.

¡Mira qué hermosas promesas hay para ti hoy! Él quiere que seas libre del pasado de dolor que viviste, esa mujer que tienes en tu casa es una mujer que está llena de virtudes y ha soportado tu mal carácter, tú puedes hacerla completamente feliz, deja las ataduras que te han tenido esclavizado en el dolor y los recuerdos del pasado, mira cómo se esmera esa mujer, ella ha sido el regalo que Dios te ha dado como compañera en este mundo como tu ayuda idónea, para que juntos alaben al Dios eterno y que sean unos padres ejemplares, que disfruten su matrimonio y no repitan el patrón que tú viviste al lado de tu padre, no marques, no dañes a tus hijos, aún estás a tiempo.

¡Recapacita hoy!

Quizá te preguntes, ¿se puede?, y la respuesta es: "¡claro que sí, hoy mismo!".

Por supuesto que todo lo puedes en Cristo que te fortalece.

Ha llegado el tiempo de reír, de estar unidos con Jesucristo el único Salvador del mundo, no hay otro.

Cierra tus ojos por un momento y deja que esos pensamientos e imágenes del pasado queden olvidados, reconoce que eres un pecador y necesitas recibir el gran amor que Dios mostró a la humanidad enviando a morir a su Unigénito Hijo Jesucristo.

Sentirás que tu vida cambiará, te recomiendo que hables con Dios cada día al levantarte y le des gracias por un nuevo día, lo mismo que al terminar éste, cuando vayas a reposar ora diariamente y medita en sus palabras.

Lee la Biblia, la Palabra de Dios, porque ahí Él te revelará los dulces secretos para que vivas una vida plena. Además, busca una iglesia de Sana Doctrina, en la que crean en el Padre, El Hijo y El Espíritu Santo.

Ahí puedes crecer espiritualmente y vivirás una vida de abundancia, llena de amor y prosperidad, tú y tu familia.

Y, por último, recuerda esta palabra que está en: Jeremías 30:10, 11ª.

"Tú, pues, siervo mío Jacob, no temas, dice Jehová, ni te atemorices, Israel; porque he aquí que yo soy el que te salvo de lejos a ti y a tu descendencia de la tierra de cautividad; y Jacob volverá, descansará y vivirá tranquilo, y no habrá quien le espante.

Porque yo estoy contigo para salvarte, dice Jehová."

¡Adelante, hombre de Dios, tu desdicha ha sido cambiada a dicha total!

Goza este día, aprende a vivir un día a la vez pero con alegría, con agradecimiento y amando a tu esposa, cuidando de tu familia porque es la que Dios te ha dado para cuidar, proveer y proteger, porque tú eres el sacerdote de tu casa.

Encontré la Luz de JESÚS

MUJER CON SOBREPESO

Obesa, así de esa manera, siempre he sido identificada. No me gusta mi cabello ni mucho menos mi estatura, tampoco mi cuerpo pesado con muchos kilos de más. Siempre se han burlado de mí porque he sido gordita.

Recuerdo los apodos que de niña recibí; "albóndiga", "gorda fea", etc. Debido a eso viví una vida solitaria, nunca quería participar en la escuela con ningún grupo pues me sentía fuera de lugar y esperaba siempre ser rechazada por todos, no aceptaba que mi autoestima era baja y carecía de identidad.

Pero así crecí, he hecho muchas dietas con tal de bajar de peso, pero empiezo a comer saludable y de repente hay algo más grande en mis pensamientos que me dice no lo vas a lograr y vuelvo a caer en la tentación de comer y comer sin medida. Y lo peor, comidas no saludables como sodas, hamburguesas, pizza, comida chatarra y muchos dulces.

No me siento atractiva, no siento el ánimo de ir a hacer ejercicio, he perdido el deseo de bañarme todos los días, es algo que no puedo controlar. Estoy viviendo cada día sin ninguna motivación y siento a veces deseos de salir corriendo y perderme en un lugar donde nadie me conozca, quiero escaparme de mí misma, ya no puedo seguir viviendo así, quiero encontrar la paz para la gran angustia que cada día me persigue por ser una joven pasada de peso, estoy atrapada en mi cuerpo y con mucha obesidad.

No quiero conocer a personas.

No quiero salir a ningún lado.

No quiero ir a las tiendas.

No quiero ir a las reuniones familiares.

No quiero ir al gimnasio.

No quiero ir al colegio.

No quiero ir a la iglesia.

No tengo ninguna motivación para vivir.

Siento que no soy útil en ningún lugar.

Me veo al espejo y siento complejos.

Me canso rápidamente.

Siento que nadie me va a querer, que nunca voy a llegar a ser madre y, bueno, me atacan muchos pensamientos negativos contra mi propia vida. Y no bajo de peso con nada, al contrario, cada día subo más.

Créame, estoy muy enojada conmigo misma, con mis padres que me han dado amor, pero no sé qué hacer y ya busco una respuesta inmediata para remediar este problema y me pregunto: ¿Habrá una solución para mi problema de gordura?

¿A quién puedo acudir, que me pueda ayudar en este gran problema que he tenido siempre?

¿O será que así me ha tocado vivir y no va a cambiar mi vida? Me siento aturdida.

Quizá piensas; yo misma me he negado a recibir un consejo respecto a cómo comer saludable o una guía nutricional.

¿Podrían darme una receta que funcione y así poder dejar de ser la mujer de peso completo, así como me han dicho que soy? ¿O gordita chistosa?, como me llaman otras personas.

Por favor necesito ayuda, me siento desesperada.

Estimada Mujer con Sobrepeso.

Lo primero que quiero decirte es que la belleza de una mujer no se mide por tallas ni por lo que pueden ver estos ojos físicos.

Es muy importante cuidar tu templo, tu cuerpo, porque asimismo, vales mucho como persona.

Deja de identificarte como la mujer fea, no hay hombre ni mujer fea pues somos el diseño perfecto de Dios, recuerda que Dios eligió tu color de cabello, tu estatura, tu color de ojos, etc.

Hay un enemigo que todos tenemos, el cual es padre de toda mentira y el trabajo de él es engañar a la humanidad haciéndole creer cosas que no son y usa la mente donde habitan los pensamientos, para que la persona se sienta desdichada, que no tiene valor alguno y que no es hermosa(o).

Eso no es cierto, porque Dios quiere decirte en este día que cambies tu manera de pensar, Él quiere renovar tus pensamientos, tu cuerpo, que dejes de verte con los ojos físicos y empieces a valorarte y a saber quién eres tú, y saber cuál es tu propósito en esta tierra.

La palabra de Dios dice:

"Como zarcillo de oro en el hocico de un cerdo… Es la mujer hermosa y apartada de razón." Prov. 11:22.

Mira qué gran verdad, la belleza está en el corazón, en tu mente, o sea en el interior de ti y no en lo externo.

Hubo dos reinas en la historia, una se llamaba Vasti era de hermosa figura y confió sólo en su belleza exterior y no tomó tiempo para embellecer su interior, ella desobedeció al rey, a su esposo y por eso fue destronada quitándole la corona real; pero tú eres una mujer sabia, entendida y valiente, porque sabes que vales mucho, Dios te ama así como eres.

Mira, entonces el rey tuvo que buscar a otra que tomara el lugar de ella y escogieron entre muchas mujeres hermosas, la escogida fue Ester, ella era hermosa por dentro primero y tomó tiempo para ser temerosa de Dios y obediente primero en su hogar y luego con las personas que la instruían. Luego llegó a cumplir su sueño de ser una reina.

¿Y tú eres una reina auténtica, Hija de Dios?

Tu sueño, defínelo tú ahora mismo.

¿Sabes quién en el experto en embellecernos?, es nuestro Salvador Jesucristo, me imagino que no lo conoces todavía, hoy es un buen día para conocer al único, que en tan sólo un instante puede cambiar tu lamento en gozo.

¿Cómo?, te preguntarás tú…

Él es la motivación más grande que puedas tener para hacer cambios en tu vida, su amor infinito será el motor por el que empieces a cambiar tu ser interior y luego harás los cambios que tengas que hacer en tu vida cotidiana. Es preciso primero que le des tu corazón de donde emana la vida y que Él perdone todos tus pecados, para que la belleza interior pueda salir en el exterior de tu vida y todos puedan ver la luz de Jesús en ti.

Ríndete y di todo lo que sientes, dile que le recibes como el Salvador de tu alma, que te perdone por todos tus pecados y que el escriba tu nombre en el Libro de la Vida, y tu vida cambiará totalmente.

Las libras desaparecerán, como desaparecerán los pensamientos de desdicha y derrota, y habrá una razón para vivir el amor de Dios y tu autoestima será aumentada.

Así que da el primer paso, hay alguien que está esperando por ti y hoy te quiere decir:

¡Oh hermosa entre las mujeres! Cantares 1:8.

He aquí que tú eres hermosa, amiga mía; He aquí eres bella. Cantares 1:15.

Y tu habla hermosa. Cantares 4:3.

Cuántas palabras lindas para ti salen de la boca de nuestro Creador, tu Creador que es Dios Todopoderoso y Eterno.

Sigue escudriñando su Palabra y te embellecerás por dentro y eso te llevará a tomar cuidado de ti misma.

Créelo, con Dios todo es posible, mujer de las tallas perfectas.

Porque Él te ama y siempre va delante de ti a todos lados y te llama la niña de sus ojos, su real tesoro, para Él tú vales mucho y Él te ama tal como eres, porque Él es tu creador tu sustentador, tu amigo fiel.

Y para Él eres hermosa, porque Él ve tu corazón.

Sobre todo, algo muy importante, tu cuerpo es tu templo, tu responsabilidad es cuidarlo porque cuando no se tiene control de la comida y no comes saludable, no caminas, no tomas agua y no piensas positivo, por ende viene la enfermedad por esa desobediencia a cuidar este templo maravilloso que es donde mora el Santo Espíritu de Dios, cuídalo y ama tu salud, así tendrás la bendición de sentirte bien.

Encontré la Luz de JESÚS

TENGO PROBLEMA DE INTIMIDAD
EN MI MATRIMONIO

Tengo 34 años de casada, mi esposo sirve en la iglesia en varios ministerios desde hace muchos años, él ha sido un buen proveedor para la casa y también buen padre para mis hijos, pero ha existido desde el principio de mi matrimonio un problema que ahora ya no soporto y es en la intimidad, me siento desdichada, al borde de querer el divorcio de manera inmediata.

Él no es una persona delicada, es como un animal violento sobre mí, a él no le ha importado satisfacerme en lo absoluto, sólo le ha importado saciar su necesidad sexual.

Para mí ha sido y es un martirio cuando él se acerca a mí para darme un beso o para acariciarme, o si empieza a insinuarme que quiere estar conmigo en la intimidad.

Se lo he dicho muchas veces pero él no entiende, siempre me toma con fuerza y a veces violentamente, cuando me niego a estar con él.

Él dice que mi cuerpo le pertenece y que yo debo complacerlo en todo y cuando él lo desee.

He caído en una gran depresión, me siento usada por él, mi carácter ha cambiado mucho, me siento como un objeto que después de ser usado no sirve para nada.

Me siento atada porque pienso que al separarme ¿qué va a decir la congregación, mi familia y mis hijos?

¿Qué puedo hacer, me siento desesperada. Cómo le hago para que él cambie y yo no me siga sintiendo así?

Estimada Hermana en Cristo Jesús:

¡Qué impotencia debe sentir ante esta situación!, pero todo tiene solución en las manos de nuestro Salvador Jesucristo.

Él es el más justo juez y todo lo sabe y todo lo ve.

Como cristiana me imagino que ya habrá orado, es difícil cuando este tipo de abuso ocurre pues usted está siendo presionada y obligada y a eso se le llama abuso sexual, ya que sin su consentimiento, su esposo está actuando brusca y violentamente y usted se siente intimidada y usada por él.

Y las huellas profundas que deja este tipo de abuso sólo Dios las puede sanar.

Primeramente, quiero decirle que Dios no diseñó esto para su vida, el sexo fue creado por Dios como un regalo para el ser humano y debe ser realizado de una forma delicada y pura y sin mancilla, dentro de un matrimonio.

El hecho que el hombre es la cabeza o la autoridad en el hogar, no le da derecho a cometer semejante abuso sobre la mujer que Dios le dio, todo lo contrario, debe cuidarla y tratarla como al vaso frágil que es.

La Palabra de Dios en Colosenses 3:19 dice:

"Maridos, amad a vuestras mujeres, y no seáis ásperos con ellas."

Su esposo debe tratarla con mucha delicadeza, con amor y cuidado.

También aparece en Efesios 5:25:

"Maridos, amad a vuestras mujeres, así como Cristo amó a la iglesia, y se entregó a sí mismo por ella."

Aquí Dios manda a los maridos que amen a sus esposas como Cristo amó a su iglesia.

¡Qué gran compromiso el que tiene su esposo delante de Dios! El estar actuando muy mal y fuera de lo que Dios dice que haga él como sacerdote de su hogar.

También en 1ª. Pedro 3:7 dice:

"Vosotros, maridos, igualmente, vivid con ellas sabiamente, dando honor a la mujer como a vaso más frágil, y como a coherederas de la gracia de la vida, para que vuestras oraciones no tengan estorbo."

Él está incurriendo hasta en un delito grave de abuso, en contra de su esposa.

Otra exhortación para su esposo en la Biblia, es que le debe dar honor a usted y vemos que su esposo no está cumpliendo con estos mandatos que son divinos.

Pero usted debe saber que sólo Dios puede alumbrar las oscuridades en las cuales está viviendo su esposo y, para ello, hay un arma muy poderosa; la oración y el ayuno.

Doble rodilla, no deje de orar porque Dios le responderá su petición y anhelos de su corazón.

Su esposo tiene esas ataduras dentro de su ser interno, no sabemos dónde se originó este problema en él. Pero el que todo lo sabe es el Todopoderoso, el Omnisciente, él necesita comprometer su vida a Jesucristo y que verdaderamente sea Dios la cabeza de él y que llegue a ser un cristiano de verdad, necesita que alguien lo guíe y lo pueda ministrar para que rompa esas ataduras en el nombre de Jesús.

Dios envió a Jesucristo para deshacer toda obra de maldad, no se intimide ante esta potestad demoniaca, levántese en fe y hable con Dios, que de su casa tendrá que huir Satanás en el nombre poderoso de Jesús.

Tenga fe y esperanza, que a Él lo va a cambiar Dios.

Si nunca ha hablado con sus pastores, primero ore en privado y ayune, después Dios la guiará a hacer lo más conveniente en su caso.

¡Hay solución en Cristo Jesús!

Encontré la Luz de JESÚS

NO SOPORTO A ESE LÍDER DE LA IGLESIA

Me es difícil poder entender cómo hay líderes en las iglesias que no tienen amor para tratar con las personas que visitan los templos.

Cuando fui a la primera iglesia, llegué con el corazón roto pues apenas acababa de salir de una tormentosa relación de abusos y de un hogar disfuncional.

Y queriendo sentir alivio para todos mis males, fue que una vecina me invitó para asistir a su iglesia, cuando llegué me recibieron con un abrazo y sentí algo muy bonito; pero mientras transcurrían las semanas empecé a ver cómo estas personas que estaban sirviendo no lo hacían de corazón, pues mientras mi hijo de meses lloraba en la iglesia, me sacaron sin tener manera correcta de hacerlo y me enviaron a un rincón para que mi niño no interrumpiera el servicio. Yo entendí eso, pero la forma como lo hicieron no fue la adecuada, me hicieron sentir muy mal. Regresé llorando a mi casa con mi pequeño hijo y más lastimada de lo que me sentía.

También oía que la gente me criticaba siendo yo nueva en los caminos de Dios, han pasado ya varios años de eso y hasta la fecha no he superado lo que me pasó en esa iglesia con los que ahí servían.

De verdad que no entiendo, ¿en realidad les gusta servir o lo hacen por obligación?, porque muchos parecen generales en lugar de líderes servidores del Señor.

Inclusive me tuve que cambiar de apartamento y llegué a otra iglesia, pero lo mismo me ha pasado con los que sirven en los templos, dejan un mal testimonio y no se portan como verdaderos hijos de Dios.

Y me pregunto: ¿qué pasa con la iglesia, si así se comportan los líderes, cómo estaremos los demás?

En una ocasión llevé a unos invitados pues había un evento especial en la iglesia y lo que ellos pudieron ver fue peleas entre los mismos líderes que estaban sirviendo, y con caras de fastidio en lugar de gozo. Porque es un privilegio servir.

No he podido superar esto en mi vida, cada vez que me ha tocado cambiar de iglesia veo este tipo de problemas y no he querido tomar ningún cargo en ninguna de ellas, por eso mismo me pregunto: ¿Hasta cuándo va a cambiar esto?

¿Por qué no hay amor en los líderes de las iglesias, y por qué no muestran el verdadero amor de Jesucristo?, ya que fuimos llamados para servir, no para ser servidos.

Ayúdenme por favor, ¿estaré mal yo o son ellos los que tienen que cambiar?

Estimada Hermana en Cristo:

Quisiera detenerme a analizar esta verdad que usted expresa, cuando nuestro corazón está herido y lastimado por dentro, estamos sensibles emocionalmente y eso es lo que sucedió con usted al llegar a esa primera iglesia, usted estaba en busca de encontrar amor y sí que lo encontró, el Amor de Dios, pero muchas veces ese amor de Dios no se ha perfeccionado en las personas, por su misericordia están en esos puestos, algunos necesitan ser más discipulados, otros no han superado su pasado, pero están dentro de la iglesia porque Dios los ha llevado ahí. Lo que hay que hacer cuando se ve esta clase de comportamiento es orar por ellos, para que Dios cambie sus corazones y sus mentes y que puedan ellos dar ese abrazo con el Amor de Dios, que no sólo salga mecánicamente, sino que vaya más allá de lo emocional y llegue al mismo espíritu de las personas.

En Lucas 15:20, dice:

"Y levantándose, vino a su padre. Y cuando aún estaba lejos, lo vio su padre, y fue movido a misericordia, y corrió, y se echó sobre su cuello, y le besó."

Esa es la actitud que debe tener todo hijo de Dios, ser movidos a misericordia y recibir con amor al que viene buscando el perdón de Dios.

Luego sigue diciendo:

"Pero el padre dijo a sus siervos: Sacad el mejor vestido, y vestidle; y poned un anillo en su mano, y calzado en sus pies.

Y traed el becerro gordo y matadlo, y comamos y hagamos fiesta; porque este mi hijo muerto era, y ha revivido; se había perdido, y es hallado. Y comenzaron a regocijarse." Lucas 15:22-24.

¡Cuánto amor encontramos en este pasaje!

Hay abrazos y besos que cambian a los individuos, aun al más perdido, ese abrazo que recibió el hijo pródigo de su padre cuando llegó de regreso después de haber desperdiciado todos sus bienes y haber vivido perdidamente, iba lleno del verdadero Amor, el de Dios.

Esa clase de abrazos se necesitan dar en las iglesias, el abrazo del Padre Celestial.

Que, no viendo la condición del hijo, corrió a abrazarlo y a ponerle un anillo en su mano, calzado en sus pies y dijo traed el mejor vestido.

Usted hermana, debe superar esto en su propia vida, porque Dios la quiere usar para marcar una diferencia y ser una de esas personas que Dios va a usar como líder en su iglesia, y le aseguro que usted será diferente como tal.

No deje que el enemigo de su alma la deje estancada en una silla, levántese ahora mismo y no vea más los defectos de otros, este es el tiempo de olvidar el pasado y ser de bendición para otros que esperan su abrazo lleno de amor, empiece una campaña consigo misma y verá la gloria de Dios en su propia vida, no deje que el enemigo la siga perturbando en su mente, piense en usted primero, en ser edificada cada día en la roca que es Cristo Jesús, y luego usted será de bendición con su ejemplo para esos líderes de los cuales usted expresa, que no tienen el amor de Dios.

Recuerde que una persona puede hacer la diferencia en muchas personas.

No viendo a diestra ni a siniestra, sino viendo el blanco que es Cristo Jesús, amada hermana.

Dios tiene cosas grandes para su vida, no desmaye ni se detenga por nada porque el Rey viene pronto por su iglesia.

Usted debe estar preparada con sus vestidos blancos y puros para encontrarse con Él, no deje que nada ni nadie le impida vivir en la libertad con la cual Jesucristo nos hizo libres en la Cruz del Calvario, donde derramó su preciosa sangre por amor a nosotros.

Recuerde:

El tiempo es corto y hay que aprovecharlo buscando las cosas de arriba y no las de este mundo que son perecederas, porque las del Reino son eternas, busque el rostro del Señor, ore y ayune y Él oirá su clamor y vendará sus heridas. Bendiciones.

Encontré la Luz de JESÚS

NO HE SIDO BUENA MADRE

Mi vida ha sido bien tormentosa, crecí en un ambiente de gritos, amenazas, malas expresiones y golpes, lo cual dañó mis sentimientos. Nunca se me puso atención cuando era niña, lo que me llevó a ser rebelde con mi madre y mi padre.

En la escuela me rebelaba a los maestros y ellos me disciplinaban, pero mi corazón siempre seguía igual; no podía superar el por qué me gritaban y no me dejaban ser una niña normal que jugara, que expresara mis sentimientos, lo que hacía o lo que hablaba siempre estaban mal, eso decían.

Pasó el tiempo, me casé y lamentablemente aun siendo cristiana, sigo haciendo lo mismo con mis hijos. Un día mi hija menor me preguntó si yo la amaba o no, fueron para mí esas palabras como espadas a mi corazón, pues un día yo le pregunté lo mismo a mi madre, a mi padre y no obtuve respuesta de ninguno de los dos.

No pude detenerme y me alejé de ella sin darle ninguna explicación, me metí al baño a llorar de una manera como nunca lo había hecho antes, se me vinieron las imágenes de cuando era una niña y mis padres me gritaban y me hablaban con malas expresiones.

Yo no quiero seguir siendo una mala madre, pero sin querer estoy repitiendo lo mismo con mis hijos.

Busqué ayuda profesional pero no me ha funcionado, siento que es algo bien profundo y yo no quiero seguir siendo así, ha habido momentos que estoy en las tiendas y les grito a mis hijos. Siento que a veces no los soporto y les pongo la televisión o les presto mi teléfono celular para que se entretengan y me dejen tranquila. Muchas veces mi casa parece casa de locos y no de cristianos.

Pero, ¿cómo puedo ponerle fin a esta situación?

Estoy desesperada, he desatendido mi apariencia personal y otras áreas más en mi hogar, no sé cómo seguir o cómo ser una mejor persona.

Estimada ahora por fe, buena madre:

El haber tenido la experiencia maravillosa de ser madre, es un privilegio glorioso y hermoso. El saber que en nuestro vientre llevamos a un ser creado a la imagen de Dios tiene que ser esplendoroso. Y más extraordinario saber que nos dio el privilegio de ser madres, a nosotras las mujeres, pues su Palabra dice que cosa de estima es el fruto de nuestro vientre.

Salmo 139:13 Dice:

"Porque tú formaste mis entrañas; tú me hiciste en el vientre de mi madre."

¡Qué privilegio más grande!

Además, los hijos son un regalo de Dios.

Salmo 127:3ª, dice:

"He aquí, herencia de Jehová son los hijos."

Una herencia se cuida, más cuando ésta viene de parte de Dios.

¿Pero por qué no lo has valorizado así?

Primero, quiero decirte que la figura maternal es sumamente importante para nuestros hijos, porque cuando ellos vayan creciendo y estén fuera del hogar, serán el reflejo de lo que son adentro.

Mira, tú estás llevando una carga en tu propia vida que ha sido muy pesada, las vivencias que pasaste de niña debes olvidarlas ya.

¿Por qué seguir cargando con el dolor?

¿Por qué seguir cargando con los recuerdos malos?

¿Por qué debes seguir llorando por lo que un día no fue?, si ahora eres una nueva criatura en Cristo Jesús.

Porque eso ha provocado en ti un cansancio y además has acumulado un estrés que no puedes ni contigo misma, eso lo refleja el que te desatiendes de tus hijos y no les pones atención y dejas que la televisión, los videos o los juegos los entretengan, porque sientes que tú ya no puedes más… Deja esas cargas a Dios, entrégale a tus hijos, Él tiene cuidado de ellos.

Es urgente que te detengas ahora mismo en el caminar diario de tu vida.

Ve a un lugar donde puedas estar sola con Dios y hablar con Él frente a frente, hazlo mientras tus hijos duermen o están en la escuela para que no los descuides, busca ese momento, escribe lo que tú corazón siente, díselo a Él.

Y escucha su voz, que te dice hoy en San Mateo 11:28:

"Venid a mí todos los que estáis trabajados y cargados, y yo os haré descansar."

Una invitación llena de amor y misericordia.

"Venid a mí".

¿A quién has acudido en las horas de dolor?

Quizá a tu familia más cercana, hermanos o amigos; pero ahora te invita a que lo busques a Él.

Estás cansada de vivir oprimida por los errores de tus padres y has caído en lo mismo con tus propios hijos.

Rompe esas cadenas de ataduras generacionales y esos patrones repetitivos.

¡Basta!

Recuerda, Jesucristo hizo muchos milagros y los sigue haciendo hoy en día.

Él sanó ciegos.

Él sanó leprosos.

Él sanó mudos.

Él sanó cojos.

Él sanó toda dolencia, no sólo física, sino emocional y mentalmente también.

Ya es tiempo que seas feliz, esa expresión que salió de tu propia alma diciendo: "Necesito ayuda", la ha escuchado Dios, Él es tu verdadero Padre, no sigas viendo la imagen terrenal que te hizo tanto daño.

Déjale todas tus cargas y empieza a conocer a Dios como ese Padre amoroso que nunca tuviste, Él es Padre de Toda Consolación y de Toda Misericordia.

No dejes ninguna carga contigo, porque Jesús te hará descansar en sus brazos de Amor, descansa en Él.

Después sentirás una paz profunda, no olvides tener un tiempo a solas con Dios, no descuides esa relación íntima con Él, que sea cada día tu alimento que es la Palabra de Dios.

Te fortalecerá y serás transformada en una madre ejemplar para tus hijos y les podrás brindar tu amor, tu comprensión y tu paciencia.

Dios a través de los tiempos, a través de su Unigénito Hijo de Dios, ha transformado muchas vidas como tú, acepta su amor, deléitate en Él, y Él te concederá todas las peticiones de tu corazón.

Hay un porvenir hermoso que te espera.

Disfruta el regalo que Dios te ha dado en cada uno de tus hijos, que son un tesoro.

¡Prosigue adelante, madre ejemplar!

Encontré la Luz de JESÚS

SOY CRISTIANA, PERO TODAVÍA CONSERVO ALGUNOS OBJETOS DE MI PASADA RELIGIÓN

Aunque ya tuve un encuentro con Jesucristo en mi corazón, que ya lo acepté como mi único y suficiente Salvador de mi alma, no he podido deshacerme de unos recuerdos que yo adquirí en mi pasada religión, unos los compré, otros me los regalaron y algunos más son recuerdos que conservo en mi casa, éstos los recibí de mis padres y abuelos, quienes ya murieron.

No he querido deshacerme de ellos pero siento temor que, si los saco, estaré haciendo mal, últimamente no he podido dormir pensando en eso.

Tengo unas estampitas que me regalaron y que según me dijeron, fueron bendecidas, la imagen de una virgen, unas palmas, unos amuletos y rosarios, pero me siento mal tan sólo al pensar que ya no las tendré conmigo.

Hay recuerdos de mi niñez, de mis padres, de mis abuelos y de mi país, y no es fácil para mí deshacerme de ellos pues cuando los veo cada uno tiene una historia en mi vida. Creo que son regalos que debo conservar, ¿o los tiro, los rompo o los quemo? ¡No sé qué hacer!

Quiero que me ayuden porque ahora sé que la idolatría es pecado, estoy confundida en mi mente, por favor les pido que me den una guía. ¿Qué debo hacer?

Estimada Hermana:

Tenemos la Biblia, la Palabra de Dios, que es nuestra guía y una lumbrera en el caminar con Cristo Jesús.

El Salmo 91:2a, dice:

"Diré yo a Jehová: Esperanza mía, y castillo mío."

Ahora usted está en Cristo Jesús, ponga toda su confianza en Él y no en ningún ídolo, porque esto es abominación a Dios, a Él no le agrada nada de eso.

¿En quién debe ahora confiar usted?

Ahora que ha venido a la luz admirable de Jesús, debe saber que su esperanza debe ser el Dios altísimo, de donde viene su socorro.

La Biblia nos habla que la idolatría es un gran pecado, el primer Mandamiento que Dios escribió en aquellas tablas de la ley que fue dada a su siervo Moisés dice: Éxodo 20:3-5.

"No tendrás dioses ajenos delante de mí.

No te harás imagen, ni ninguna semejanza de lo que esté arriba en el cielo, ni abajo en la tierra, ni en las aguas debajo de la tierra.

No te inclinarás a ellas, ni las honrarás; porque yo soy Jehová tu Dios, fuerte, celoso, que visito la maldad de los padres sobre los hijos hasta la tercera y cuarta generación de los que me aborrecen."

Esta palabra está muy clara, no podemos participar de la mesa del Señor y de la mesa de los demonios.

Dice su palabra en 1ª. Corintios 10:14, 21, 22.

"Por tanto, amados míos, huid de la idolatría.

No podéis beber la copa del Señor, y la copa de los demonios; no podéis participar de la mesa del Señor, y de la mesa de los demonios.

¿O provocaremos a celos al Señor? ¿Somos más fuertes que Él?"

Qué exhortación la que nos da la Palabra de Dios, con relación a su problema.

Recuerde que sólo podemos servir a Dios y sólo a Él debemos adorar, Dios no le ha dado un espíritu de temor sino de poder, ejérzalo ahora mismo.

Vence todo miedo, nada va a pasarte si tú te deshaces de todas esas imágenes y amuletos que pueden ser causa de maldición en tu hogar. Y tú no quieres eso, menos ahora que le sirves a un Dios vivo y Todopoderoso.

El juicio de Jehová está en contra de aquellos soberbios que no quieren dejar esas prácticas, lo dice el libro de Isaías.

Y hay algo más en la Palabra de Dios con relación a la idolatría, que los que practican tales cosas no heredarán el Reino de los Cielos.

Apocalipsis 21:7, 8.

"El que venciere heredará todas las cosas, y yo seré su Dios, y él será mi hijo.

Pero los cobardes e incrédulos, los abominables y homicidas, los fornicarios y hechiceros, los idólatras y todos los mentirosos tendrán su parte en el lago que arde con fuego y azufre, que es la muerte segunda."

Deje sus sentimientos a un lado, olvide su pasado y entrará el Rey de Gloria a gobernar su propia vida, le aconsejo que siga leyendo la Palabra de Dios, medite en su corazón, ahora el Espíritu Santo ha venido a morar en usted y Él le guiará a toda verdad.

Y no deje que ningún espíritu de este mundo la haga caer en el error, la Biblia dice que conoceremos la verdad y la verdad nos hará libres.

Libres, de todo pecado, libres de toda atadura, libres de la esclavitud de cualquier cosa.

La idolatría no trae bendición a su hogar sino al contrario, maldición.

Encontré la Luz de JESÚS

CELOSA DE LO QUE TIENEN LOS DEMÁS

Tengo un problema emocional y es que he sido muy celosa, no he podido superar este gran problema a pesar de tantos consejos que he recibido.

Cuando era niña fui muy apegada a mi padre, pero a los 11 años mis padres se divorciaron dejando en mí un gran vacío. Desde ese momento empecé a sentirme amenazada, pensando que todas las personas querían quitarme algo que me pertenecía.

Han pasado los años y no puedo controlarme, cuando veo niños jugando con sus padres o haciendo algunas actividades juntos me entra ese espíritu de celos, también cuando otros progresan por sus logros y triunfos dentro de la misma iglesia.

En mi relación matrimonial me ha afectado mucho, me siento con mucha desconfianza cuando alguien se acerca a mi esposo, siento que lo voy a perder, más cuando veo mujeres que físicamente son más atractivas que yo.

Me enojo constantemente, viene cierta ira a mi corazón y no puedo evitar sentir celos al ver que otros son felices. Yo no puedo superar ese abandono y divorcio de mis padres.

Los celos me han llevado a sentir amargura y a compararme constantemente con los demás, deseo obtener lo que otros tienen, me siento insegura y mi carácter lo refleja queriendo sentirme mejor que otros, cuando por dentro me siento desdichada y muy triste.

Estoy atada, este espíritu está gobernando mis pensamientos, siento que la vida no tiene sentido para mí y lucho contra todo eso, pero no puedo superarlo.

Le agradeceré si me ayuda, a encontrar una solución definitiva para este gran problema o si me da un consejo porque, ¿qué hago con este sufrimiento que llevo dentro de mí?

Querida amiga:

Veo que tu vida emocional fue afectada desde ese día que tus padres se divorciaron, te sientes desprotegida y sientes desconfianza de perder lo que te pertenecía.

Pero ha llegado el momento que seas completamente feliz y que dejes tu pasado atrás, ya que los celos son una manifestación de la carne y eso no es agradable, ese sentimiento es vil y destructivo.

Mira, en la Biblia, el libro de Gálatas 5:19-21 nos dice:

"Y manifiestas son las obras de la carne, que son: adulterio, fornicación, inmundicia, lascivia, idolatría, hechicerías, enemistades, pleitos, celos, iras, contiendas, disensiones, herejías, envidias, homicidios, borracheras, orgías, y cosas semejantes a éstas; acerca de las cuales os amonesto, como ya os lo he dicho antes, que los que practican tales cosas no heredarán el reino de Dios".

Esta lista nos revela que el celo no nos llevará a heredar el reino de los cielos, todo lo contrario, eso es andar en la oscuridad.

Porque cuando estamos en Cristo somos nuevas criaturas y se tiene que ir toda inseguridad, recuerda, ahora tienes a un Padre Celestial y Él sabe dar buenas dádivas a sus hijos, dice que si un padre terrenal siendo malo no le da una piedra a su hijo si le pide pan o si le pide un pescado, no le da una serpiente cuando éste le pide pan, y si eso lo hace un padre siendo malo aquí en la tierra, haciendo la comparación que Él que es nuestro verdadero Padre, quien nos formó en el vientre de nuestra madre, ¿no nos dará buenas cosas a sus hijos?

¡Qué hermoso saber que Él está contigo siempre!

Así es que, a pedirle que te quite toda inseguridad toda tristeza guardada en tu corazón y que te limpie de todo resentimiento que has guardado por muchos años.

Él quiere que seas feliz con tu esposo, no te sientas menos que otras personas, Dios te ha creado única y exclusiva, no tienes que competir con nadie para obtener el amor de tu esposo.

Cuando venimos a los pies de Jesucristo nuestra vida tiene que ser cambiada en todas las áreas, mental, emocional, sicológica, física y también espiritual, que es lo más importante.

Debes entender que cada persona en este mundo ha pasado por diferentes situaciones dolorosas, tú no eres la única.

Nuestro Padre Celestial envió a Jesucristo a la tierra para libertarnos del pasado de dolor y darnos una esperanza nueva.

Dice su Palabra:

"De modo que si alguno está en Cristo nueva criatura es, las cosas viejas pasaron he aquí que todas son hechas nuevas."

Debes retomar tu identidad, Dios te quiere hacer fuerte espiritualmente, no te dejes vencer por el dolor de tu pasado. No le creas al enemigo de tu alma, tú pon la mirada en Dios Todopoderoso y Eterno, porque de Él viene tu socorro.

Recuerda que los celos son un pecado, ya que esta manifestación es controlada por nuestros propios deseos y eso no es agradable a Dios.

Tú debes ir creciendo cada día y no quedarte siendo una niña espiritual, debes superar cada día todo lo que no fue de bendición a tu vida.

Mira lo que dijo el Apóstol Pablo en 1ª. Corintios 3:13:

"De manera que yo, hermanos, no pude hablaros como a espirituales, sino como a carnales, como a niños en Cristo.

Os di a beber leche, y no vianda, porque aún no erais capaces, ni sois capaces todavía, porque aún sois carnales; pues habiendo entre vosotros celos, contiendas y disensiones, ¿no sois carnales, y andáis como hombres?".

Dios nos entregó a través de Jesucristo todo su amor pero, muchos no lo hemos recibido por completo.

El sentirte amada por Dios te dará esa seguridad y confianza en saber que no estás desprotegida, porque hay alguien te ha amado con amor eterno.

Así que a caminar de frente a la vida, y todo espíritu de envidia y celos tendrá que huir de ti en el poderoso nombre de Jesús.

Este espíritu ha operado durante toda la vida en el mundo, Caín tuvo celos de su hermano Abel, porque su ofrenda fue grata a Dios, y hasta llegó al extremo de matarlo.

Sí, después de los celos viene el asesinato.

¡Qué terrible!

Pero también encontramos un ejemplo maravilloso en el que Jonatán amaba tanto al rey David que impidió que entrara ese espíritu de celos, ya que él lo llegó a amar, con ese amor que Él quiere que amemos a nuestro prójimo e impidió que, aunque le correspondía tomar su lugar, se gozó al verlo en el trono de su padre Saúl.

¿Se podrá?, te preguntas y la respuesta es:

Claro que sí, en el nombre poderoso de Jesucristo, toda muralla cae.

Así que libérate, déjate ser amada por Dios y verás la gloria de Dios en tu vida.

Serás feliz y darás frutos dignos para honrar a Dios en todo lugar y en todo tiempo.

Serás luz donde quiera que tú vayas y serás sal de la tierra donde quiera que tú estés; porque tú eres una digna embajadora de Jesús y los demás verán que eres diferente, cambia tu pensamiento.

Encontré la Luz de JESÚS

MADRE DE PASTOR EXDROGADICTO

Quiero seguir ayudando a mi hijo, aunque Dios ya lo rescató de la vida pasada a la cual él se entregó por muchos años, siendo el líder de una pandilla.

Sin embargo, luego recibió el llamado para pastorear y me he gozado en su trayectoria, pero veo que todavía hay áreas en las cuales él tiene que trabajar y mi deseo es que el Espíritu Santo siga alumbrando esas oscuridades que él manifiesta con la congregación que Dios le ha confiado.

Han pasado ya veinte años de su conversión y aún sigue manifestando poder en su llamado de pastor, pues lo veo oprimiendo a las ovejas del Señor y amedrentándolas como él lo hacía cuando perteneció a las pandillas. Él siempre quiere ser el protagonista de todo, inclusive tiene predilección por las personas que dan más ofrendas y las trata mejor.

Esa es el área donde necesito aconsejarle para hacerle ver que lo que está haciendo no está bien, han habido ya muchas divisiones en la iglesia donde él pastorea por la misma razón; quiere imponer un estilo de vida a las ovejas, ese que él mismo no puede llevar.

Necesito el consejo divino para poder darle una palabra de exhortación de parte de Dios. Estoy muy desesperada con su actitud, porque muchas ovejas se han descarriado por culpa de él. Por favor, ayúdenme.

Querida Madre:

Sé que el deseo de su corazón por querer ayudar a su hijo es grande. Creo que él todavía tiene que hacer morir cosas terrenales que están en su corazón y, aunque Dios ya lo salvó, hay un proceso que seguir y es la sanidad interior.

El profeta Jeremías nos dice que en aquel tiempo había pastores que no hacían bien su trabajo.

Dice Jeremías 23:1, 2.

"¡Ay de los pastores que destruyen y dispersan las ovejas de mi rebaño! Dice Jehová.

Por tanto, así ha dicho Jehová Dios de Israel a los pastores que apacientan mi pueblo: Vosotros dispersasteis mis ovejas, y las espantasteis, y no las habéis cuidado. He aquí que yo castigo la maldad de vuestras obras, dice Jehová."

Como vemos Dios cuida lo que es de él, y no le parece que nadie dañe lo que le pertenece.

Porque esa actitud autoritaria con la cual está liderando esa iglesia no es la que manda el Señor en su palabra.

Pablo le aconsejó a Timoteo y le dijo:

"Que prediques la palabra; que instes a tiempo y fuera de tiempo; redarguye, reprende, exhorta con toda paciencia y doctrina" 2ª. Timoteo 4:2.

El siervo del Señor tiene que saber exhortar a las ovejas que son pertenencia de Él, con paciencia.

También dice en 1ª. Pedro 5:2-4.

"Apacentad la grey de Dios que está entre vosotros, cuidando de ella, no por fuerza, sino voluntariamente; no por ganancia deshonesta, sino con ánimo pronto; no como teniendo señorío sobre los que están a vuestro cuidado, sino siendo ejemplos de la grey.

Y cuando aparezca el Príncipe de los pastores, vosotros recibiréis la corona incorruptible de gloria."

La Palabra de Dios es clara al decir que hay que cuidar a las ovejas no por obligación sino reconociendo que el llamado para trabajar en el Reino Divino es un gran privilegio, sin tomar provecho de ninguna ganancia que deshonre su nombre y además con carácter diferente. Y no enseñorearse de ninguna de ellas para que cuando se dé cuenta al gran Rey, pueda recibir cada uno su corona.

Lo que le aconsejo es que, primeramente, siga doblando rodillas y que siga escudriñando la Biblia, porque ahí encontrará la sabiduría para poder hablar con Él, y que sea redargüido por el Espíritu Santo.

La oración es un arma poderosa para destruir toda opresión satánica que esté operando en la vida de su hijo.

Su hijo necesita tener esa intimidad con Dios para que pueda ser intervenido directamente por el Espíritu Santo. Y que no se deje dominar por ningún espíritu contrario. Siga orando y clamando al Rey de reyes.

Créame que pronto verá el milagro en su hijo, su comportamiento cambiará cuando se deje intervenir por el Dios Todopoderoso, entonces hará su tarea como es debido, cuidará de las ovejas que le han sido confiadas, descansarán en pastos delicados y los pastoreará con amor y sin ningún interés ni ganancias deshonestas.

Encontré la Luz de JESÚS

LÍDER DE LA IGLESIA SE AVERGÜENZA, POR UNA JOVEN QUE TIENE COMPORTAMIENTO MUNDANO

Hay una joven en la iglesia que, a pesar que conoce del Señor, aún no da frutos de su conversión.

Amparándose en esa expresión que dicen: "Yo no soy religiosa, Dios me ha dado libertad", su comportamiento deja mucho que desear en su manera de expresarse y en su manera de vestir.

Ya me he acercado a ella para hablarle, pero se enoja mucho cuando se le dice algo pues no quiere que nadie le aconseje nada. Algunas hermanas se han quejado, pero ella no quiere cambiar su forma de hablar, su forma de ser y de vestir. Sí, su vestimenta es muy provocativa.

Tiene algunos privilegios y le he hablado sobre su ejemplo para con los hermanos, le he dicho que su comportamiento tiene que ser diferente, pero ella dice que las personas que la critican son hipócritas, que corrijan a sus hijos y la dejen vivir su vida tranquila.

¿Cuál sería la forma correcta, para hacerla entender que ella está en un gran error?

Estimado líder:

Dios también en su palabra nos dejó consejos sobre cómo una cristiana debe de vestirse y nos alumbra.

Sólo el Espíritu Santo puede alumbrar toda tiniebla en la mente y el corazón de los hombres.

Muchas veces el hombre natural quiere exhortar y lo hace sin misericordia y dicen: "yo digo la verdad duélale a quien le duela", pero recordemos que así como Dios ha tenido paciencia con nosotros lo tiene también hacia otros.

La Palabra de Dios nos dice que con misericordia y verdad se corrige el pecado. Debemos recordar esto cada vez que exhortemos a otros.

Pablo dice en 1ª. Timoteo 2:9.

"Asimismo que las mujeres se atavíen de ropa decorosa, con pudor y modestia."

Una mujer de Dios debe vestirse con decoro, pero las influencias de los grandes de la industria de la moda y del vestir, no toman en cuenta este principio bíblico.

Y ahora la juventud se ha dejado influenciar por la moda y por un espíritu de confusión el cual únicamente los lleva a la destrucción, desobediencia y falta de respeto hacia sus padres, líderes y amigos. Sus diseños son descubrir el cuerpo de la mujer para provocar y llamar la atención.

Toda mujer cristiana tiene que honrar a Dios aun en la forma de vestir, hacerlo con decencia. Y su comportamiento como hija de Dios debe ser diferente y buen testimonio.

Y muchas veces tiene que ver con lo que hay en el corazón, muchas mujeres luchan con la autoestima y quieren llamar la atención al sexo opuesto, quieren recibir halagos, impresionar al caminar, quieren que las miradas se posen en ellas.

Debe la mujer reconocer que al primero que tenemos que agradar es a Dios y entonces la vestimenta mostrará modestia, obediencia y dará buen fruto.

Muchas personas dicen que Dios no ve lo externo sino el corazón para hacer lo que ellas quieran. Están muy equivocadas, ahí se conoce que no escudriñan la Escritura.

Recordemos que no podemos ser también legalistas, necesitamos escuchar el consejo de la Palabra, dejar que llegue al corazón y analizar bien este tema.

Hay que tomar en cuenta que la Biblia dice en Mateo 5:28.

"Pero yo os digo que cualquiera que mira a una mujer para codiciarla, ya adulteró con ella en su corazón."

Los hombres sabemos que son visuales y, si éstos no están bien sometidos con Dios, pecarán al ver a una mujer con el escote provocativo, con los vestidos bien ajustados o demasiado cortos. No hay que ser…

No debe ser la mujer piedra de tropiezo para ellos y, por supuesto, los hombres deben tener intimidad con Dios como lo hizo Job y pudo decir:

"Hice pacto con mis ojos;

¿Cómo, pues, había yo de mirar a una virgen?
Si fue mi corazón engañado acerca de mujer,
Y si esté acechando a la puerta de mi prójimo,
Muela para otro mi mujer,
Y sobre ella otros se encorven." Job 31:1, 9, 10.

Hagamos nuestra parte, y confiemos en Dios y Él hará los cambios en cada persona.

Sabemos que en estos tiempos es difícil, la juventud tiene que buscar más de Dios para no dejar que la influencia de las modas haga deshonrar a nuestro Señor.

Así es que estimado líder, a orar mucho y a leer más Palabra de Dios, deje que el Espíritu Santo haga su trabajo, recuerde que nadie puede cambiar a nadie, eso sólo le toca hacerlo a nuestro Dios. Y nosotros a seguir orando, unos por otros.

Por otra parte, si esta jovencita no quiere someterse a la autoridad que ha sido puesta por Dios a través de usted, no tiene derecho a tener ningún privilegio. Segará lo que ella esté sembrando y en su tiempo vendrá la disciplina a su vida por parte de Dios, porque Él no puede ser burlado.

Porque una persona que no se somete a su líder, está en completa desobediencia a la Palabra de Dios.

Hable con ella, dele el consejo de la Palabra, pero si ella no lo atiende no puede ejercer privilegios dentro de la iglesia.

Encontré la Luz de JESÚS

SOY UN HOMBRE DE DIOS, PERO SIGO VIENDO PORNOGRAFÍA

Me considero un hombre que teme a Dios en muchas áreas, pero hay una atadura de la cual no he podido salir aun siendo cristiano y es que sigo viendo pornografía. Ese espíritu inmundo me lleva cautivo al serle infiel a mi esposa y hasta he pensado en abandonarla. Mis ojos pecan y adulteran viendo otras mujeres pecaminosas, estoy en una terrible situación.

Los días domingos asistimos a la iglesia y me siento bien cuando estoy ahí, escucho los mensajes pero vuelvo después a mi vida pecaminosa, quisiera saber qué puedo hacer para salir de este gran pecado, el cual me puede llevar al castigo eterno y perder mi salvación, no quiero pasar toda la eternidad en el infierno.

He hecho muchos intentos, he tirado las revistas, los videos y he cerrado las páginas de mi teléfono para no ver más, pero de repente vuelvo y siento la necesidad de seguir viendo lo que no me conviene. Soy adicto a ese pecado.

Siento que yo solo no puedo evitarlo por más que lo he intentado, no ha sido fácil para mí vivir estos años de pecado oculto que he tenido.

Estimado Hermano:

Usted se identifica como un hombre de Dios y eso indica que ya le entregó su vida al Señor Jesucristo. Ahora el siguiente paso es dejar que sea el Espíritu Santo quien trabaje en esas áreas que están causando tanto daño a su mente, a su espíritu y posiblemente a su matrimonio. No contamine su lecho matrimonial.

Recuerde que su cuerpo es templo del Espíritu de Dios y por lo tanto, tiene que ser limpiado completamente de toda inmundicia y mantenerlo puro.

Por supuesto que lleva un proceso, usted debe de hacer lo siguiente:

1-Arrepiéntase de todo corazón y determínese a decir: "Basta ya". No quiero saber más de pornografía, reprendo ese espíritu en el nombre poderoso de Jesús, quiero ser libre de toda atadura sexual que no es agradable a Dios.

La Palabra de Dios nos dice en Eclesiastés 1:8.

"Nunca se sacia el ojo de ver."

Reconociendo esta verdad, si usted no le entrega a Dios esas áreas no podrá ser libre.

Recuerde que los ojos nunca estarán satisfechos, la lujuria es un vicio infernal.

Si tu ojo es malo dijo Jesús quítalo, no significa que literalmente hay que hacerlo sino indica que hay que tener control sobre ellos y hacer que nuestros ojos miren lo recto.

"La lámpara del cuerpo es el ojo; así que, si tu ojo es bueno, todo tu cuerpo estará lleno de luz; pero si tu ojo es maligno, todo tu cuerpo estará en tinieblas. Así que, si la luz que hay en ti es de tinieblas ¿cuántas no serán las mismas tinieblas?" San Mateo 6:22, 23.

Por lo tanto, esas tinieblas en las cuales está viviendo tienen que salir ahora mismo, dé la orden de salida a esos espíritus inmundos en el nombre poderoso de Jesucristo.

2- Debe de hacer cambios en su rutina diaria, tener más tiempo con Dios, primeramente en oración, lectura de la Palabra de Dios y también el ayunar, si lo puede hacer.

Haga ejercicio, salga a caminar junto a su familia, aléjese de los medios los cuales usa el enemigo para causarle este problema.

3- Hable con su pastor o un líder que usted vea en él frutos dignos de un verdadero cristiano, reciba consejería, el enemigo de su alma lo quiere tener aislado con culpabilidad y lo hace sentir que no podrá salir de esta atadura; pero para eso apareció el Hijo de Dios, para liberar a todo cautivo conociendo la verdad.

Es preocupante que ese espíritu inmundo también lo haya llevado a cometer adulterio, y fallarle a su esposa es tiempo del cambio en su vida.

Dice 2ª. Pedro 2:14.

"Tienen los ojos llenos de adulterio, no se sacian de pecar, seducen a las almas inconstantes, tienen el corazón habituado a la codicia, y son hijos de maldición."

Aléjese ahora mismo de la inmundicia y busque la pureza en sus pensamientos. Recuerde que los adúlteros no entrarán en el Reino de los Cielos, respete a su esposa, ámela como Cristo amó a su iglesia y se entregó a sí mismo por ella.

El apóstol Pablo le dio consejos a Timoteo y le dijo que siguiera a Dios, que huyera de toda inmundicia y que siguiera la justicia, la piedad, la fe, el amor, la paciencia, la mansedumbre, que peleara la buena batalla de la fe, para que echara mano de la vida eterna. Asimismo Dios le dice a usted, no siga en la oscuridad que lo puede llevar a la condenación, sino vea al soberano Dios.

Al final Dios le premiara, así como lo dice la Biblia en el libro de Santiago 1:12-15.

"Bienaventurado el varón que soporta la tentación; porque cuando haya resistido la prueba, recibirá la corona de vida, que Dios ha prometido a los que le aman.

Cuando alguno es tentado, no diga que es tentado de parte de Dios; porque Dios no puede ser tentado por el mal, ni él tienta a nadie, sino que cada uno es tentado, cuando de su propia concupiscencia es atraído y seducido.

Entonces la concupiscencia, después que ha concebido, da a luz el pecado; y el pecado, siendo consumado, da a luz la muerte."

Adelante estimado hermano, con Jesucristo todo es posible.

Arrepiéntase hoy mismo y pida perdón a Dios porque Él lo ama y lo que es imposible para usted para Él todos es posible. Porque la mente de Dios es infinita y el amor de Él es grande para usted. Bendiciones.

Encontré la Luz de JESÚS

MATRIMONIO QUE ASISTE A LA IGLESIA NADA MÁS PARA SABER LA VIDA DE LOS HERMANOS Y LUEGO DESPRESTIGIARLOS Y HUMILLARLOS

Mi esposa y yo asistimos desde hace muchos años a la iglesia, hemos trabajado en diferentes ministerios lo cual nos ha permitido conocer la vida de los demás hermanos, ya que ellos han tenido la confianza de comentarnos de dónde Dios, por su misericordia y amor, los ha sacado.

En una ocasión desde el púlpito y sin la autoridad ni unción divina, hablé muy mal de un hermano, ahora sé que fueron mis propios impulsos los que me motivaron a mencionar específicamente algo que él nos había confiado.

Después del servicio de ese día, se me acercó este hermano del cual yo había hablado mal y me dio una lección de madurez, él me dijo: "Hermano, disculpe, la manera en que se refirió a mí no fue la correcta, ore más y busque el rostro de Dios para que sea el Espíritu Santo quien le haga ver su error".

Esas palabras me enojaron mucho, le contesté que él no tenía que corregirme sino yo a él, porque yo era el líder.

Luego que regresaba a la casa con mi esposa, iba a abrir mi boca para empezar a comentar lo ocurrido, como lo solía hacer cada noche después de los servicios, ya que ambos murmurábamos mientras viajábamos en el carro y no nos importaba que nuestros hijos escucharan.

Era una mala costumbre que habíamos adoptado, y lo más desagradable delante de Dios, era que criticábamos a todas las personas y las desprestigiábamos en vez de resaltar lo bueno de ellos.

No sé qué podemos hacer para quitarnos esa mala costumbre.

Estimado Matrimonio:

Cuando venimos al Señor y le reconocemos como nuestro único y suficiente Salvador de nuestras almas, nos constituimos hijos de Dios.

Su palabra lo dice en San Juan 1:12.

"Mas a todos los que le recibieron, a los que creen en su nombre, les dio potestad de ser hechos hijos de Dios; los cuales no son engendrados de sangre, ni de voluntad de carne, ni de voluntad de varón, sino de Dios."

Es de tomar en cuenta que ahora ustedes ya no son hijos de la oscuridad sino de la luz y, por lo tanto, deben reconocer que ya no deben seguir los impulsos de la carne sino vivir una vida agradable al Señor.

La voluntad de Dios es que cada día leamos su Palabra, que es el Manual Divino, para poder cambiar nuestra manera de ser, porque ahora somos hijos de Él.

Usted menciona también que asisten a la iglesia y han trabajado en varios ministerios y eso es bueno, pues la Biblia nos habla que debemos congregarnos.

"No dejando de congregarnos, como algunos tienen por costumbre, sino exhortándonos; y tanto más, cuanto veis que aquel día se acerca." Hebreos 10:25.

También la Palabra nos dice cómo llegar a la casa de Dios y cómo servir dentro de ella.

"Servid a Jehová con alegría; venid ante su presencia con regocijo.

Entrad por sus puertas con acción de gracias, por sus atrios con alabanza." Salmo 100:2, 4.

Como pueden ver, ésta es la forma correcta de llegar a la casa de Dios, no con un espíritu altivo para humillar a los que Dios ha puesto a nuestro cargo, sino guiarlos con un espíritu de amor, pues son las ovejas del Señor.

Debemos reconocer que la iglesia no es cualquier lugar, nadie puede comportarse como un jefe o gerente terrenal. No, todo lo contrario, debemos hacerlo con gozo y sentir que es un gran privilegio que Él nos haya llamado para servir en su precioso Reino.

Porque veo que ustedes aún no han reconocido ese gran privilegio, yo les recomiendo que tengan tiempos de comunión en su hogar y que trabajen en sus propias vidas antes de señalar los defectos de los hermanos en la iglesia, porque eso no es nada agradable a Dios.

No sigan desprestigiando a los hermanos, recuerden que ay de aquel que hiciere caer a unos de mis pequeñitos dice la Biblia, la Palabra de Dios.

"Y cualquiera que haga tropezar a alguno de estos pequeños que creen en mí, mejor le fuera que se le colgase del cuello una piedra de molino de asno, y que se le hundiese en lo profundo del mar." Mateo 18:6.

¡Qué terrible sentencia para los que hagan tropezar a sus pequeñas ovejas!

Hay muchos versículos más que pudiera darles, pero antes que todo quisiera invitarlos que hagan una oración de arrepentimiento ante Dios, para que los perdone por todo el mal que han causado a la grey del Señor.

Pueden repetir:

Ante ti venimos Padre Celestial, reconociendo por tu Palabra que hemos fallado, no hemos apreciado el privilegio tan grande primero de ser llamados hijos de Dios, y luego no hemos desempeñado bien nuestros privilegios dentro de tu casa.

Perdónanos Señor, limpia nuestros corazones de toda maldad. Tu Palabra dice: Bienaventurados son los de limpio corazón porque ellos verán a Dios.

Hoy nos humillamos ante ti, nunca más queremos avergonzar a nadie ni mucho menos desprestigiar a ninguno de tus hijos y, cuando tengamos que corregir lo deficiente, lo hagamos bajo tu unción y autoridad.

Te lo pedimos en el nombre de nuestro Amado Salvador Jesucristo, amén, amén y amén.

Encontré la Luz de JESÚS

HERMANA LÍDER DE LA IGLESIA QUE HABLA MAL DE TODOS Y CAUSA DIVISIÓN

Soy líder de un ministerio dentro de la iglesia, pero tengo un gran problema ya que me gusta hablar mal de todos los asistentes de la congregación.

Un día estuve pensando que no tengo discreción, que no me gusta dejarme de nadie, que me gusta decir las cosas como son, pero esto me ha acarreado muchos problemas.

He visitado varias iglesias, una vez me sacaron de una congregación y me dijeron que era chismosa, que había causado división por unos comentarios que hice de unas personas, y éstas se fueron de esa iglesia por mi imprudencia.

Yo no quiero ser así, pero cuando era una niña siempre vi en mi casa cómo mi madre no se dejaba de mi padre, ella nunca se quedaba callada, siempre presencié peleas entre ellos y quizás por eso es que para mí es normal ver peleas aun dentro de la iglesia.

Pido un consejo por favor, quiero ser diferente, me siento mal que muchos me hayan rechazado por mi forma de ser.

Estimada hermana:

Déjeme primeramente felicitarla por el deseo que tiene de no seguir siendo la misma.

Usted dice que le gusta hablar de los demás y vea lo que dice la Biblia al respecto.

La murmuración muchos la toman como algo normal, hacer comentarios de alguien que no está presente, con la finalidad de dañar o causarle alguna molestia.

Pero a la luz de las Escrituras las murmuraciones no son agradables a Dios, ya que dañan las relaciones personales y también afectan a cualquier grupo de amigos, familiares, hermanos, vecinos.

Recuerde hermana, lo que sale de su boca del corazón sale.

"El hombre bueno, del buen tesoro de su corazón saca lo bueno; y el hombre malo, del mal tesoro de su corazón saca lo malo; porque de la abundancia del corazón habla la boca." San Lucas 6:45.

Reconozca hoy mismo que su problema viene de adentro, pídale perdón al Señor y Él cambiará su corazón.

Mire:

Cuando estamos trabajando para el Rey de reyes y Señor de señores, lo tenemos que hacer sin murmuraciones.

"Haced todo sin murmuraciones y contiendas." Filipenses 2:14.

El enemigo de nuestras almas usa esta arma para dividir a los mismos escogidos de Dios, y usted se ha dejado usar por este enemigo, también usted menciona que tiene problemas con el chisme, mírese en el espejo de la Palabra de Dios.

"No andarás chismeando entre tu pueblo. No atentarás contra la vida de tu prójimo. Yo Jehová." Levítico 19:16.

"El que anda en chismes descubre el secreto; no te entremetas, pues, con el suelto de lengua." Proverbios 20:19.

"El hombre perverso levanta contienda, y el chismoso aparta a los mejores amigos." Proverbios 16:28.

Como puede ver, la Biblia es clara y menciona que no nos debemos relacionar con este tipo de personas, por eso usted ha sido rechazada por muchos.

Usted necesita ser discreta, necesita ser sensata en su forma de juzgar a los demás y tener tacto para hablar con ellos, le recomiendo el libro de Proverbios para que los pueda leer en sus devocionales diarios, mencionaremos algunos.

"Cuando la sabiduría entrare en tu corazón, y la ciencia fuere grata a tu alma, la discreción te guardará; te preservará la inteligencia, para librarte del mal camino, de los hombres que hablan perversidades." Proverbios 2:10-12.

"Entended, oh simples, discreción; y vosotros, necios, entrad en cordura." Proverbios 8:5.

Pero lo mejor que ha hecho es reconocer y querer cambiar, porque Dios lo hará, Él no desecha a nadie que se acerca a Él, con un corazón contrito y humillado.

Olvide el dolor de su pasado, lo que vio, lo que escuchó deséchelo de su mente y de su corazón, deje que la sabiduría del Todopoderoso entre a lo más profundo de su ser y se producirá el cambio, y llegará a ser una mujer sabía, si antes destruía por su necedad ahora edificará a otros, y sus palabras serán medicina para muchos.

Mire lo que su boca puede hablar de hoy en adelante:

"Porque mi boca hablará verdad." Proverbios 8:7.

"En los labios del prudente se halla sabiduría." Proverbios 10:13a.

"El que refrena sus labios es prudente." Proverbios 10:19.

"Los labios del justo saben hablar lo que agrada." Proverbios 10:32.

Que Dios bendiga su vida y que pueda ser libre de todo pasado oscuro en el cual vivió, ahora deje que Jesucristo viva en usted y que El Espíritu Santo la guíe a toda verdad.

Encontré la Luz de JESÚS

EL HERMANO QUE CRITICA TODO LO QUE HACEN LOS DEMÁS Y ÉL MISMO LLEVA UNA VIDA MUNDANA

Mi vida ha sido muy dura y difícil, me tocó trabajar desde niño y aprendí a vivir en medio de personas viciosas de mala reputación; en ese ambiente me desenvolví durante muchos años, siendo para mí normal tomar bebidas alcohólicas, fumar y tener una vida de fornicación y adulterio.

Me molestaba ver personas con la Biblia en la mano y decía que era la gente más hipócrita del mundo.

Pero un día en que arrastraba tantos problemas, conocí a un amigo quien me habló de Jesucristo y me invitó a su iglesia, allí escuché el mensaje del Señor, sentí que Dios me tocó y le reconocí como mi personal Salvador.

Sin embargo, siento que me hace falta cambiar en muchas áreas porque a todos los hermanos en la iglesia les veo defectos, aunque yo mismo no llevo una vida perfecta, pues aún digo mentiras cuando me conviene, critico a los demás, me considero una persona sin paciencia y no sé cómo puedo superar esta parte de mí, le he pedido a Dios que me ayude a superar esta vida que llevo porque no me siento bien con seguir siendo un hipócrita, quiero ser un buen cristiano y quiero dejar de criticar a los demás.

Estimado Hermano en Cristo:

Comprendo la forma de vida que llevó en el pasado, pero usted debe olvidar esas cosas negativas que marcaron su vida y que no le han servido para nada en su presente.

"No os acordéis de las cosas pasadas, ni traigáis a memoria las cosas antiguas.

He aquí yo hago cosa nueva; pronto saldrá a luz; ¿no la conoceréis? Otra vez abriré camino en el desierto, y ríos en la soledad." Isaías 43:18, 19.

Analice estos versículos en su tiempo de intimidad con Dios, Él le quiere sanar su mente y su corazón.

Deberá renunciar a todo lo que le ha afectado en su propia vida, sé que el Espíritu Santo le ha hecho sentir que necesita un cambio total y eso es maravilloso.

La crítica es algo que no le agrada a Dios pues se trata de examinar y juzgar la vida de otros, determinar juicios, desaprobar, desprestigiar y reprochar todas las actitudes de las personas.

Recuerde que el único que puede juzgar con justicia al mundo es Dios.

"Jehová juzgará a los pueblos." Salmo 7:8.

"Él juzgará al mundo con justicia, y a los pueblos con rectitud." Salmo 9:8.

Debe usted entender que los hermanos tienen dueño y hay que tener respeto hacia ellos.

"Yo salvaré a mis ovejas, y nunca más serán para rapiña; y juzgaré entre oveja y oveja." Ezequiel 34:22.

No puede usted sentenciar a ninguna oveja del Señor, porque eso no le agrada a Él.

Por otra parte, dice usted que tiene problemas con decir mentiras, entonces debe saber esto, que el padre de toda mentira se llama Satanás y recuerde que usted ahora es hijo de Dios, por lo tanto debe de cambiar su manera de vivir.

La Palabra de Dios dice:

"De palabra de mentira te alejarás, y no matarás al inocente y justo; porque yo no justificaré al impío." Éxodo 23:7.

"Los labios mentirosos son abominación a Jehová; pero los que hacen verdad son su contentamiento." Proverbios 12:22.

"Enmudezcan los labios mentirosos, que hablan contra el justo cosas duras con soberbia y menosprecio." Salmo 31:18.

Como puede usted ver, a nuestro Dios no le agradan en lo absoluto las mentiras, así que pídale perdón y lea la Palabra de Dios cada día, para que esos malos hábitos se vayan de su vida, porque lo más terrible es que ningún mentiroso entrará en el Reino de los Cielos.

Apocalipsis 21:8 dice:

"Pero los cobardes e incrédulos, los abominables y homicidas, los fornicarios y hechiceros, los idólatras y todos los mentirosos tendrán su parte en el lago que arde con fuego de azufre, que es la muerte segunda.

No hay tiempo que perder, estamos viviendo los últimos días y el Señor pronto nos arrebatará, pero si estamos viviendo una vida desagradable, podemos perder la salvación.

No se apoye en sus propios pensamientos, busque de corazón a Dios, Él se encargará de enderezar lo torcido de su vida y, finalmente, recibirá la corona de vida eterna que ha sido preparada para todos aquellos que sean fieles hasta el final.

Encontré la Luz de JESÚS

SOY SEÑORA MAYOR, SIN EMBARGO, NO TENGO TEMOR DE DIOS, SIEMPRE ANDO BUSCANDO HACER EL MAL Y DIFAMAR A LAS PERSONAS

Soy una persona retirada, ya dejé de trabajar, pero considero que me falta mucho para ser una buena cristiana. No soy temerosa de Dios, pues mi comportamiento en mi casa y con mi familia está mal.

Estoy peleando siempre, gritando, de mal humor, amargada y, a pesar que escucho mensajes, hay algo dentro de mí que no hace sentirme amada a causa de mi comportamiento en la iglesia, que es difamar a los hermanos y muchas veces lo hago sin conocer a las personas.

Me siento desesperada pues no soy una joven sino una señora mayor, ya no me siento con las fuerzas de antes, tengo muchas enfermedades y me preocupa mi comportamiento hacia los demás.

No quiero terminar mis días con este carácter, soy demasiado complicada aun conmigo misma, no me gusta como soy y no tolero ni a mi propia familia quienes sé que me aman, pero los insulto y últimamente se han alejado de mí, sintiéndome más sola que antes.

¿No sé qué puedo hacer para cambiar?, quizá un consejo me podría ayudar. ¿Podría usted hacerlo?

Estimada Señora Mayor:

Dios es Amor, posiblemente le han presentado a un Dios condenador en su vida, que está para castigar y acusar; pero déjeme decirle que debe imaginarse ese gran amor de Dios hacia usted, que envió a su Unigénito Hijo al mundo para morir por sus pecados y que usted recibiera el más grande regalo que es su Salvación. De otra manera no habría esperanza, usted estaría en condenación eterna.

"Porque no envió Dios a su Hijo al mundo para condenar al mundo, sino para que el mundo sea salvo por él." San Juan 3:17.

No deje que el enemigo la siga acusando por los errores del ayer o por lo que sufrió en su vida.

Levante su cabeza en algo y diga: "Soy la hija de un Rey", su autoestima está muy bajo, no hay tiempo que perder, empiece a disfrutar cada día de su vida.

Recuerde que su amor es incomparable, aunque usted vida sola Él está allí a su lado para consolarla en todo momento y puede escucharla, dígale en oración cómo usted se siente, lo que necesita cambiar y verá la victoria.

Es importante también reconocer nuestros errores, como usted lo ha hecho.

No olvide que la Biblia nos menciona que debemos hacer morir las cosas terrenales.

"Haced morir, pues, lo terrenal en vosotros: fornicación, impureza, pasiones desordenadas, malos deseos y avaricia, que es idolatría; cosas por las cuales la ira de Dios viene sobre los hijos de desobediencia, en las cuales vosotros también anduvisteis en otro tiempo cuando vivíais en ellas.

Pero ahora dejad también vosotros todas estas cosas: ira, enojo, malicia, blasfemia, palabras deshonestas de vuestra boca." Colosenses 3:5-8.

Como puede usted ver hermana, es importante que cada uno de nosotros tenemos que hacer morir la vida antigua en la cual estábamos en delitos y pecados.

Ponga su mirada en el de arriba, su amado, su salvador, su consolador, su pronto auxilio, su proveedor, su protector.

¡Todo lo podemos encontrar en Él!

¿No es esto maravilloso?, cambie su manera de pensar a través de los mensajes que usted escucha y resucitará a una nueva vida y, esos malos hábitos de difamar, de desacreditar, de desprestigiar y de hablar cosas negativas de los demás, que dañan el honor de las personas, se irán de su vida.

Hoy es el tiempo de dejarse amar por Dios y Él cambiará el destino de su vida, porque la ha amado siempre y la seguirá amando.

Ponga su confianza en las cosas de arriba y no en las terrenales.

Dice su Palabra:

"Si, pues, habéis resucitado con Cristo, buscad las cosas de arriba, donde está Cristo sentado a la diestra de Dios.

Poned la mira en las cosas de arriba, no en las de la tierra.

Porque habéis muerto, y vuestra vida está escondida con Cristo en Dios." Colosenses 3: 1-3.

Cada día en cuanto se levante, empiece a adorarle y a bendecir el nombre del Señor, tenga momentos de intimidad diaria y verá que su vida será transformada.

Luego tenga comunicación con su familia, dígales que los ama y también pídales perdón y su vida cambiará, así llegará a ser una de las mujeres más felices del mundo.

¡Bendiciones del cielo para usted!, es mi deseo.

Encontré la Luz de JESÚS

EL HIJO DEL PASTOR MALTRATA A LA CONGREGACIÓN Y AVERGÜENZA A SU PADRE CON SU COMPORTAMIENTO

Vengo asistiendo a una iglesia durante hace muchos años, pero el hijo del pastor, quien es su ayudante, tiene un mal comportamiento con la congregación.

Su padre ya está un poco mayor y ha delegado en él muchas responsabilidades, las cuales su hijo no está cumpliendo ya que está haciendo cosas indebidas que no le agradan al Señor.

-Maltrata verbal y emocionalmente a los hermanos tratándolos duramente. En algunas ocasiones les ha dicho que las bestias del campo son más sabias que ellos, y también les dice que son unos hombres que no sirven para nada.

-No tiene compasión por los demás, siempre ve los defectos y nunca las virtudes ni los dones que Dios les ha dado, además se pasa criticando a todos los pastores que predican en la radio y televisión.

-Quiere que los hermanos lleven un estilo de vida a la perfección de acuerdo a su parecer, no pastorea a la grey a fuentes de agua viva.

-Pero además llega tarde a los servicios, se justifica en todo lo que hace mal y sus hijos dan un pésimo ejemplo. Uno ministra en la alabanza, pero al terminar ésta se sale de la iglesia y llega al final de la predicación sólo para volver a tocar con el grupo musical de acompañamiento.

Lo más preocupante de todo esto es que la iglesia siempre ha tenido una doctrina sana y él ha querido cambiar algunas cosas que no se consideran bíblicas.

Una de ellas es que no quiere que las hermanas de la congregación tomen parte en los servicios, dice que la mujer tiene que aprender en silencio y debe estar sujeta a su esposo. Y agrega que la mujer no debe tomar decisiones en el hogar ni mucho menos en la iglesia.

Me pregunto; ¿esto le agradará al Señor?

Al expresar eso de mi corazón, lo hago con el propósito de saber si esto está correcto, porque hay algunas familias que se han ido muy dañadas de la iglesia y algunos no quieren saber nada de los cristianos.

Su padre está sufriendo por esa causa pero parece que ya no tiene control del comportamiento de su hijo. El pastor ya perdió su autoridad, hace lo que su vástago le dice aunque esté equivocado, su nuera también está haciendo lo mismo, aconsejando a las mujeres de la congregación que están casadas, que cuiden a sus maridos de las que están solteras o divorciadas, haciéndolas sentir que son peligrosas.

Además de eso no quiere que las hermanas se arreglen en el aspecto personal; en su pulcritud, su peinado y su vestimenta, ella les quiere elegir la ropa que deben usar y muchas cosas más, de tal manera que se ha hecho insoportable convivir en la iglesia.

El pastor nos pide que le tengamos paciencia, dice que algún día ellos van a cambiar, pero hasta el día de hoy todos sus esfuerzos han sido vanos.

Resulta que el hijo del pastor exhorta a los jóvenes con extrema dureza, no es prudente al hablar, les demanda muchas cosas y no habla del amor de Dios sino que Él castiga y que hay un infierno. Por supuesto que eso es cierto, pero no los trata con amor ni misericordia, incluso quien lideraba a los jóvenes se cansó de esta situación y renunció a su cargo.

Quisiera saber cómo puedo ayudarle al pastor para quitarle un poco de carga, me duele ver esas cosas dentro de la iglesia porque he sido edificada en mi vida durante muchos años, pero la mayoría de los hermanos están insatisfechos en la forma como el hijo del líder pastoral está llevando a cabo su ministerio. Desearía un buen consejo, porque a veces me dan ganas de irme a otra iglesia.

Estimada Hermana:

Entiendo la carga que siente usted cuando ve todas las cosas anómalas que están sucediendo, es importante orar e ir a la Palabra del Señor para saber cuál es la labor del pastor dentro de la iglesia.

La función de un pastor, como su nombre lo indica, es de pastorear, o sea cuidar, guiar y proteger.

En Salmo 23:1-3 dice:

"Jehová es mi pastor; y nada me faltará.

En lugares de delicados pastos me hará descansar; junto a aguas de reposo me pastoreará.

Confortará mi alma; me guiará por sendas de justicia por amor de su nombre."

Una de las razones por las que vemos ese tipo de comportamientos en los líderes, es porque no han hecho a Dios su pastor, el dueño de sus vidas.

En este caso, si el líder ha dejado que su hijo pastoree a su muy particular manera, no está ejerciendo su trabajo. Hay que dejar a un lado los lazos de familiares y no mezclar lo personal con el ministerio, que es del Señor.

En la Biblia encontramos a Elí, quien era un sacerdote, pero no corrigió a sus hijos que estaban siendo partícipes de su ministerio y Dios tuvo que actuar dándonos un ejemplo que con las cosas de su Reino no se puede jugar y que tiene que hacerse en el orden divino establecido por Dios.

1ª Samuel 2:12, 22, 23 nos dice:

"Los hijos de Elí eran hombres impíos, y no tenían conocimiento de Jehová.

Pero Elí era muy viejo; y oía de todo lo que sus hijos hacían con todo Israel, y cómo dormían con las mujeres que velaban a la puerta del tabernáculo de reunión.

Y les dijo: ¿Por qué hacéis cosas semejantes? Porque yo oigo de todo este pueblo vuestros malos procederes."

Esto es lo que también está sucediendo en estos tiempos y debe corregirse drásticamente, sea quien sea, inclusive con lo que más amamos en esta tierra.

Elí los amaba tanto que los corrigió, pero no de la manera que lo debía hacer porque los amaba mucho y Dios tuvo que confrontarlo y hablarle duramente.

"¿Por qué habéis hollado mis sacrificios y mis ofrendas, que yo mandé ofrecer en el tabernáculo; y has honrado a tus hijos más que a mí, engordándoos de lo principal de todas las ofrendas de mi pueblo Israel."

Y luego Dios le sigue hablando a Elí, y le dijo que Él iba a honrar a los que le honraran y los que le desprecian serían tenidos en poco.

¡Qué terrible!

Este pastor debe corregir lo deficiente de su hijo inmediatamente, porque de lo contrario será desechado y vendrá a la vida de sus hijos sentencia divina.

Este hijo del pastor está haciendo todo lo contrario a lo que la Palabra de Dios dice que debe ser un verdadero líder.

El profeta Jeremías lo dijo:

"Muchos pastores han destruido mi viña, hollaron mi heredad, convirtieron en desierto y soledad mi heredad preciosa." Jeremías 12:10.

Una llamada de alerta para los que trabajan en la obra del Señor.

También dice en Jeremías 23:1.

"¡Ay de los pastores que destruyen y dispersan las ovejas de mi rebano! Dice Jehová.

No lo dice cualquier persona, sino el Todopoderoso, el Santo de Israel.

Así que usted hermana siga orando, reciba este consejo de la Palabra y si va a ser la persona que Dios usará para dar este consejo bíblico, deje que llegue el tiempo para hacerlo, mientras tanto no abra su boca hasta que Él se lo indique.

Y Recuerde las palabras que nuestro Salvador Jesucristo dijo:

"Yo soy el buen pastor; el buen pastor su vida da por las ovejas.

Mas el asalariado, y que no es el pastor, de quien no son propias las ovejas, ve venir al lobo y deja las ovejas y huye, y el lobo arrebata las ovejas y las dispersa." San Juan 10:11-12.

Usted y la congregación pongan la mirada en Jesucristo, que a su tiempo Él va a intervenir, Dios hará justicia.

"Como pastor apacentará su rebaño; en su brazo llevará los corderos, y en su seno los llevará; pastoreará suavemente a las recién paridas." Isaías 40:11.

Encontré la Luz de JESÚS

CRISTIANA VISITA MUCHAS IGLESIAS PARA VER QUÉ LE DAN Y BUSCANDO A QUIÉN ENGAÑAR

He conocido varias personas en el transcurso de mi vida espiritual, que visitan las iglesias con el propósito de sacar provecho de los hermanos. Les hablaré de una en particular.

Un día llegó de visita una mujer con sus dos hijos al templo, lloraba y decía que su esposo era un irresponsable, borracho, drogadicto y que la había abandonado, que no tenía dónde vivir ni tenía cómo alimentar a sus hijos.

Varios miembros de la congregación se compadecieron de ella al escucharla, entonces se le recogió una ofrenda generosa para que pagara un hotel mientras encontraba un lugar donde vivir.

Ella recibió la ofrenda pero un mes después regresó de nuevo diciendo que no había encontrado un lugar donde vivir, una familia se acercó a ella y se la llevó a su casa para que no estuviera viviendo en las calles con sus hijos.

Durante ese tiempo los hermanos empezaron a ver un comportamiento muy sospechoso en esta mujer, hablaba mucho por teléfono, al parecer con el padre de una de sus hijas, a quien le pedía dinero.

Nosotros la atendíamos muy bien, pero ella se quejaba de la comida que le dábamos, decía que no le gustaba. Lo peor, se tomaba atribuciones que no le correspondían en la casa que le había dado abrigo a ella y a sus hijos, como cambiar los muebles de lugar, por ejemplo. Por las noches le pedía a mi esposo que la llevara al supermercado a comprar cosas que sus hijos necesitaban. Gracias le doy a Dios por el esposo que me ha dado, ya que él siempre se negó a salir con ella.

Sentí que mi relación matrimonial se estaba viendo afectada por la presencia de esta mujer, mi esposo no podía salir de la recámara ya que no tenía la libertad de hacerlo pues ella había tomado el control de la sala de mi casa y se la pasaba viendo televisión durante casi todo el día.

Una noche escuché una plática telefónica y quedé muy sorprendida pues esta mujer, supuestamente cristiana, no sólo había engañado a los hermanos de nuestra iglesia sino que estaba visitando otros lugares con el propósito de sacar provecho contando historias de dolor y sufrimiento, con la finalidad que le dieran dinero.

Esto me llenó de mucho coraje y se lo comenté a mi esposo, entonces hablamos con ella para decirle que le daríamos un mes para que ella buscara otro lugar, ya que no podíamos tenerla más tiempo en nuestra casa.

Ella se enojó mucho, nos dijo que no teníamos amor al prójimo porque la estábamos echando, que no teníamos consideración para sus hijos y que no tenían a dónde ir.

Le explicamos que le habíamos dado dos meses de vivienda gratuita, que ella debía buscar otro lugar, pero se enojó mucho, dejó de hablarnos y tomó una actitud de víctima, como si la estuviéramos maltratando. Desde ese día notamos que empezó a salir casi todas las noches.

Un día que salí a comer con mi esposo después de asistir a la iglesia, vimos a esta mujer saliendo de otro templo. Y da la casualidad que tengo una amiga que se congrega ahí y ella me llamó para contarme que había llegado una pobre mujer con dos hijos y que no tenían dónde vivir.

Para nuestra sorpresa, era la misma mujer que sin vergüenza alguna andaba de iglesia en iglesia engañando a los pastores y a las congregaciones para conseguir dinero. Usaba artimañas para dar lástima y las personas le creían las historias que ella misma inventaba.

A pesar de todo lo que descubrimos, actuamos con prudencia y paciencia, dejamos que pasaran algunas semanas hasta que un día mi esposo y yo encontramos en la basura varios sobres de diferentes iglesias los cuales mostraban que le habían dado dinero a ella como ofrenda de amor por su supuesta precaria situación.

Esto fue el colmo de tanta mentira, tuvimos que confrontarla, enseñarle los sobres, la reprendimos fuertemente por tanta falsedad, le dijimos que se fuera inmediatamente y que si ella no se iba, nosotros iríamos a las iglesias donde había ido a sacar provecho y la denunciaríamos a la policía.

Fue la única forma en que esta mujer salió de nuestra casa, aunque seguramente anda por ahí haciendo lo mismo.

Nosotros oramos por ella y sus hijos, pues ellos son los que más sufren por el mal proceder de sus padres o en este caso de su madre; que ella se arrepienta de tantas cosas incorrectas que anda haciendo aprovechándose de la buena voluntad de las personas.

Nosotros tenemos un corazón misericordioso y nos gusta ayudar a las personas pero, como cristianos, ¿qué podríamos hacer para no ser engañados por este tipo de gente que se aprovecha de los demás? Gracias por su consejo.

Estimada Hermana:

La Biblia nos habla de mujeres sabias y también de mujeres insensatas.

La sabia se caracteriza por edificar:

Proverbios 14:1.

"La mujer sabia edifica su casa, mas la necia con sus manos la derriba."

Y esta mujer está dando manifestaciones de ser una mujer insensata y necia. En vez de edificar a su familia con su ejemplo y sembrar valores morales y espirituales en sus hijos, los está destruyendo.

Le hace falta el conocimiento de la Palabra para dejar de actuar de esa forma equivocada. Esta mujer está rechazando la sabiduría que viene de lo alto y se ha resistido a la corrección divina pues sus acciones están destruyendo su propia vida, la de sus hijos y la de otros.

¡Hay que tener cuidado!

Mujeres necias abundan en este tiempo, pues son:

1-Halagadoras, para ver qué consiguen de las personas.

Su vida es completamente inestable pues no cuidan de su propia casa.

2-Ambiciosas, que buscan su propio beneficio y no les importa a quién dañar para conseguirlo.

3-Provocadoras de conflictos.

4-Ocultan su pecado, pues buscan la oscuridad para no vivir en la luz de Jesucristo.

También dice Proverbios 9:13.

"La mujer insensata es alborotadora, es simple e ignorante."

Y es triste ver que en estos tiempos existan mujeres así, sin valores espirituales ni prudencia, quienes no están cumpliendo con la función de una buena madre, ya que descuidan a sus propios hijos exponiéndolos a muchos peligros.

Los caminos de ella son inestables, sigan orando y pidan al Señor que les dé mucho discernimiento cuando a su vida se presenten personas desconocidas a pedirles algún favor.

Muchas veces queremos resolverles sus problemas a los demás porque nos conmovemos en las emociones, pero ahora pídanle al Señor que los guíe.

Lo que hicieron ustedes es sembrar en los espinos, y cuando lo hacemos allí, esos espinos nos dañan el corazón.

Pero la mujer sabia edifica, es todo lo contrario a este tipo de mujer.

1-Reconoce a Dios en todo.

"Si Jehová no edificare la casa, en vano trabajan los que la edifican." Salmo 127:1.

2-Reconoce que sus hijos son herencia de Jehová.

"He aquí, herencia de Jehová son los hijos;

Cosa de estima el fruto del vientre." Salmo 127:3.

Lo único que se puede hacer, es seguir intercediendo por esta mujer para que llegue a ser una mujer virtuosa que dedique su vida al Señor, luego a su esposo y que llegue a ser una excelente madre y esposa.

Encontré la Luz de JESÚS

ABORTÉ HACE MUCHO TIEMPO Y NO PUEDO SUPERAR EL HABER ASESINADO A MI PROPIO HIJO

A la edad de dieciocho años me casé y mi esposo y yo tuvimos una linda bebé, a los pocos meses me embaracé de nuevo y, como mi marido entonces tenía poco trabajo, al saber la noticia no le causó alegría lo cual me molestó mucho ya que la respuesta que él me dio fue que abortara porque no estábamos preparados para ser padres de nuevo.

Al principio me negué, pero ante tanta insistencia me dejé convencer por el amor que sentía por él, convirtiéndose en la peor pesadilla que pude haber tenido en mi vida, de la cual hasta hoy estoy arrepentida y es una situación que no he podido superar.

Le comenté a una persona conocida la decisión que había tomado y ella, siendo enfermera en mi país, me dio indicaciones respecto a cómo provocarme yo misma el aborto.

Yo deseaba encontrar a alguien que me dijera lo contrario, que no abortara, pero esta supuesta amiga me dijo que otro hijo iba a ser un problema, dadas las circunstancias que estaba viviendo con mi esposo.

Luego me dio una receta para que usara ciertos ingredientes y así provocarme el aborto, después que me dio las indicaciones a seguir, me dijo que ella lo había recomendado a varias personas y que todo había salido bien.

Después de escucharla me convenció de llevar a cabo este terrible procedimiento, del cual gracias a Dios quedé con vida para poderlo contar a otras personas, para que no se atrevan a hacerlo de ninguna manera ya que las consecuencias pueden ser mortales.

Pues bien, preparé la bebida que ella me indicó, la tomé y después entré en un profundo sueño durante varias horas, luego desperté desorientada y sin saber dónde me encontraba.

Al día siguiente empecé a sentir unos dolores terribles, había llegado la hora que mi bebé estaba siendo torturado y asesinado en mi propio vientre.

Es horrible poder contar esto y sacarlo de mi corazón después de tantos años, pero lo hago con el único propósito de ser sanada espiritualmente.

Los dolores aumentaban cada instante más y llegó un momento en que me desmayé, mi esposo me encontró tirada en el piso y con mucho sangrado vaginal. Él se afligió demasiado al verme casi inconsciente, le llamó a nuestro vecino y luego fui llevada de emergencia a un hospital donde me atendieron de inmediato.

En aquel nosocomio, los doctores me examinaron y me preguntaron qué había hecho y quién me había dado las instrucciones para llevar a cabo ese aborto.

No quise involucrar a mi amiga y callé en ese momento, sentía que me moría sabiendo que mi hijo había sido destrozado dentro de mi vientre por mis propias manos, que fueron las derramadoras de sangre. A los doctores les costó limpiarme y sacar cada pedazo del cuerpecito de mi bebé.

¡Qué dolor! A pesar de ser joven lloraba mucho porque algo dentro de mí me decía que estaba correcto lo que hacía.

Después de haber salido del hospital me sentía la mujer más desdichada del mundo, oía que mi hijo me decía: "¡Asesina, asesina!, ¿por qué me mataste?".

Además, empecé a tener pesadillas en mis sueños, en una ocasión vi a mi bebé que lloraba y me decía: "No me mates ¿por qué lo haces?", luego lo veía muerto, pero lo extraño es que aún lloraba. ¡Qué tragedia!, me sentía muy mal. Durante la noche, en mi cuarto, he escuchado llorar a un bebé varias veces, sintiéndome cada día más culpable.

Ya no pude tener otro hijo por el daño que me causó ese aborto. Le pedí mucho a Dios que me diera una vez más la oportunidad de ser madre para borrar el horror que viví, pero Dios no me lo permitió, eso lo consideré como un castigo por lo que hice y siento que Él no me ha perdonado aún.

Mi condición física se vio afectada durante muchos años, hasta la fecha no he podido superar el trauma sicológico, me siento tan culpable por haberme dejado llevar por lo que en su momento me dijo mi esposo. Por haber abortado a mi hijo.

Soy ya una persona mayor pero el desazón y la culpabilidad viven dentro de mí, a pesar que soy cristiana y le he entregado mi vida al Señor, no puedo olvidar esos terribles instantes de angustia.

Pensé en el suicidio en varias ocasiones, porque siento un gran remordimiento. He sentido muchas veces que no soy merecedora del perdón de Dios pues me avergüenzo del cruel acto que cometí un asesinato.

Le pido que por favor me dé un consejo para poder vivir los últimos días de mi vida sin esta angustia, la cual me destruye cada día. Estoy en gran depresión, mi esposo me dice que Dios ya nos perdonó, pero por más que lo intento yo no lo siento así.

¿Qué puedo hacer?, necesito un consejo bíblico. Por favor, estoy desesperada.

Mi hija siempre deseó tener un hermano o hermana y nos lo pedía, pero yo nunca he podido contarle lo que hice por temor a que ella, como madre, me rechace.

Otra pregunta que le hago, es que si debo contarle ese episodio a mi hija o mejor llevarme este secreto a la tumba.

Estimada Hermana:

Entiendo que su vida ha sido muy desdichada después de haber cometido este acto injusto contra un bebé que estaba siendo formado por Dios, usted no tuvo respeto sobre las manos de nuestro creador, quien era el formador de esa vida y sin pensarlo la destruyó.

"Porque tú formaste mis entrañas;

Tú me hiciste en el vientre de mi madre." Salmo 139:13.

"Mi embrión vieron tus ojos, Y en tu libro estaban escritas todas aquellas cosas Que fueron luego formadas,

Sin faltar una de ellas." Salmo 139:16.

Como puede usted ver en estos versículos, Dios nos formó en el vientre de nuestra madre, qué derecho tenemos nosotros para decirle a Él; no me importa lo que Tú estás formando. Pero eso fue en el pasado.

Lamentablemente usted no tenía la luz de Jesucristo ni tampoco su esposo y se dejaron engañar por el mismo satanás que es el padre de toda mentira.

El aborto no puede resolver ningún problema, al contrario, usted lo ha podido experimentar en carne propia.

Rechazó los sentimientos maternos que debía tener poniéndole fin a lo que Dios estaba formando en usted; una nueva vida a su imagen y semejanza de Él.

Y como es un acto cruel en contra de un inocente, hay consecuencias que usted ha podido experimentar, como lo menciona.

Sin embargo, la culpabilidad, el remordimiento, los sueños, las pesadillas, los pensamientos suicidas y la vergüenza, son algunas de las cosas con las cuales usted ha batallado.

Creo que ya es el tiempo de ponerle fin a esta vida de desdicha.

Recuerde que Jesucristo vino a la tierra porque todos estábamos condenados a morir por el pecado.

"Por cuanto todos pecaron, y están destituidos de la gloria de Dios." Romanos 3:23.

Todos sin excepción hemos pecado de alguna forma o de otra, pero para eso envió nuestro Padre Celestial a su Unigénito Hijo Jesucristo a esta tierra, para salvarnos de la condenación eterna y a liberarnos de todo pecado.

Si no ha sentido su perdón vuelva a clamar a Dios con todo su corazón, Él conoce lo más profundo de su interior y quiere que usted sea libre de toda culpabilidad.

"Si confesamos nuestros pecados, él es fiel y justo para perdonar nuestros pecados, y limpiarnos de toda maldad." 1ª. Juan 1:9.

Recuerde que Dios la ama, y aunque sabemos que hay una culpa moral por el pecado, hubo uno único, digno de pagar por su pecado.

Jesucristo cuando estaba en la Cruz del Calvario expresó estas palabras:

"Consumado es."

¿Qué significan esas palabras?: Pagado en su totalidad.

Así que ya no siga viviendo en esa culpabilidad, levántese en el nombre poderoso de Él.

"No ha hecho con nosotros conforme a nuestras iniquidades, Ni nos ha pagado conforme a nuestros pecados." Salmo 103:10.

Empiece desde hoy a vivir una vida plena, reconociendo que Dios ya la perdonó.

Encontré la Luz de JESÚS

UN MATRIMONIO ESCUCHA EN RADIO Y TELEVISIÓN A ANUNCIANTES DE PRODUCTOS Y SERVICIOS, ASÍ QUE VAN, LOS ADQUIEREN, SE BENEFICIAN DE ELLOS Y LUEGO RECLAMAN SU DINERO PORQUE DICEN QUE NO LES SIRVIERON. LO HACEN AGRESIVAMENTE Y AÚN ASÍ DICEN QUE SON CRISTIANOS

Trabajé en un lugar donde llegaron dos personas que se identificaron como un matrimonio cristiano, ambos dijeron que escucharon en un medio de comunicación sobre el producto que ahí se vendía.

Se les atendió de la mejor forma, explicándoles los beneficios, la forma cómo debían tomar el tratamiento y el precio del mismo, aceptando ellos las condiciones.

Durante la visita se la pasaron hablando de experiencias sobrenaturales que como cristianos habían tenido, cómo Dios los usaba con Palabra revelada. Pero lo hacían con la consigna de obtener la confianza de las personas que les habían dicho respecto a los servicios o productos.

Después de algunos meses regresaron al lugar con un espíritu totalmente diferente al que habían llegado la primera vez. Asimismo, reclamando agresivamente la devolución de su dinero, diciendo que no les sirvió nada lo que adquirieron. Pero eso sucedió después de mucho tiempo.

Eran unos desconocidos sin educación y sin respeto, quienes llegaron insultando a los empleados, después de haber sido beneficiados y exigían la devolución de su dinero.

Me pregunté: ¿Qué clase de cristianos son éstos? Pues el testimonio que estaban dando, dejaba mucho que desear en esos momentos. Lo que se veía ahí era:

1-Enojo, entraron sin respeto al negocio, haciendo sentir que ellos tenían la razón y lo que allí se vendía no servía para nada, irrespetando el lugar, el cual tiene un buen desempeño durante muchos años. Inclusive les dijeron cosas a las demás personas, desanimándolas a adquirir dichos servicios o productos. ¡Increíble!

2-Alboroto, las personas que estaban en el lugar se asustaron al escuchar los gritos incontrolables de esta pareja. En el momento no se les pudo atender a ellos pues estaban trabajando con otros clientes. Sin embargo, ellos no mostraron ni educación ni paciencia para esperar su turno. ¡Wow!, ¿eran cristianos? No, cristianos no, porque no mostraban serlo.

3-Altanería, pues al llegar lo hicieron con espíritu de superioridad frente a todas las personas, asustando e infundiendo temor a los que estaban ahí.

4-Malas palabras, que no son dignas de un verdadero cristiano como ellos se identifican, palabras corrompidas por sus corazones llenos de maldad.

5-Insultos, entraron al lugar con expresiones y gestos muy ofensivos hacia los empleados y clientes que ahí se encontraban usando la humillación pública. Que el Señor tenga misericordia de ellos.

De nuevo se les trató con cortesía, pero ellos siguieron manifestándose de una manera incorrecta pues no querían escuchar a nadie, lo único que querían era la devolución de su dinero a pesar que no llevaban el producto para regresarlo. Ya se lo habían terminado todo porque había sido adquirido tiempo atrás.

Estas personas siguieron insultando, demandando a gritos que se les devolviera su dinero, después de cuatro meses de haberse llevado el producto, el cual obviamente ya habían disfrutado y consumido.

No quisimos llamar a la policía para que hicieran un reporte, pero sí le entregamos a Dios este caso para que Él hiciera justicia. Porque de esa justicia nadie se escapa, nadie se puede burlar, ni nadie puede escapar de ella. ¿Por qué existen personas así en el pueblo de Dios?

Ellos se fueron con el dinero devuelto creyendo que se les hizo justicia, pero Dios que conoce los corazones y las mentes dará el pago a su tiempo.

¡Dios tenga misericordia de ellos!

Qué soberbia y altivez en estos llamados cristianos, y dije dentro de mí: "Nunca más haré tratos con cristianos".

Quisiera una respuesta pues ya no quiero atender personas que se llaman cristianos, por lo que he visto en este lugar donde trabajo.

¿Será correcto pensar así o qué debo hacer para quitarme esta mala imagen de los cristianos?

Estimada Amiga:

Primeramente quiero decirle que en este mundo estamos llenos de diferentes personas, unas con algunos defectos, otros que no han avanzado en su vida espiritual todavía, viviendo en la carne y no en el espíritu.

La Biblia dice que no todo el que me diga: Señor, Señor, entrará en el Reino de los Cielos y es lamentable decirlo, pero estas personas no están dando frutos dignos de arrepentimiento porque tienen la raíz de todos los males de amor al dinero, por eso actúan de esa forma.

Y lo más terrible es que estas personas olvidan qué es la ley de la siembra y la cosecha.

¡Lo que se siembra se recoge!

-Si ellos mintieron, a ellos les harán lo mismo.

Que dice la biblia al respecto:

"¿Qué te dará, o que te aprovechará, Oh lengua engañosa.

Agudas saetas de valiente, Con brasas de enebro." Salmo 120:3, 4.

Si ellos se beneficiaron aprovechándose del esfuerzo de otros, igual lo recibirán en su vida.

"El hacer maldad es como una diversión al insensato;

Mas la sabiduría recrea al hombre de entendimiento." Proverbios 10:23.

Si ellos acusaron falsamente, con la misma medida serán medidos.

"Plata escogida es la lengua del justo;

Mas el corazón de los impíos es como nada." Proverbios 10:20.

Si fueron prepotentes y usaron la agresividad, en camino viene para ellos lo mismo.

"Tarde o temprano, el malo será castigado;

Mas la descendencia de los justos será librada." Proverbios 11:21.

Déjele a Dios la justicia, ustedes perdieron dinero pero el Todopoderoso se los devolverá con muchos intereses, no deje que su corazón se amargue con este tipo de personas.

Usted ponga la mirada en el que nunca falla y recibirá la paz en su interior para seguir haciendo su trabajo con la excelencia debida.

Y cada día encomiende su vida a Dios, ore antes de empezar su trabajo y pídale a Él que lleve al lugar de su trabajo personas que sean bendecidas y agradecidas por lo que hacen por ellas.

Recuerde también que este tipo de personas no pueden habitar bajo el abrigo de Dios y, qué tristeza por ellos, porque no andan en integridad y hablan de su propio corazón calumniando a su prójimo.

Pero debemos tomar estos malos ejemplos para ser diferentes y no resbalar en ninguna área de nuestra vida.

Su confianza póngala sólo en el de arriba, porque este tipo de personas sólo confían en las cosas de este mundo, viven en vanidades y por eso irán de fracaso en fracaso, pero los que esperan en Jehová, irán de poder en poder.

Encontré la Luz de JESÚS

MATRIMONIO QUE SIRVE COMO UJIERES EN LA IGLESIA, PERO SEÑALAN, JUZGAN Y HABLAN MAL DE TODAS LAS PERSONAS, INCLUYENDO A SU PASTOR

Llevo muchos años en el evangelio, pero hoy estoy viendo cosas que no había visto antes en la casa de Dios, el lugar donde se debe llegar a orar y adorar su nombre en un mismo sentir, pero ahora todo el pueblo redimido se ha convertido en lo contrario.

¡Qué pena!

Le contaré que hay una pareja, un matrimonio, que sirve como líderes dentro de la iglesia, pero éstos se ponen a señalar, criticar, juzgar y a hablar mal hasta del propio pastor.

Y me pregunto: ¿Cómo pueden estar en esa posición y haciendo semejantes cosas?

Narraré lo que sucedió en una ocasión, después que terminó el servicio dominical estos hermanos me invitaron a comer en un bufet y, desde que llegamos a la mesa del restaurant, comenzaron a hablar de la vida de casi todos los demás hermanos que asisten a la iglesia.

Siendo ellos ujieres, empezaron hablando mal de su propio líder expresando que no es una persona capaz de desempeñar el cargo, porque es muy prepotente y amargado.

Mientras comíamos, ambos no dejaron de criticar a las mujeres casadas diciendo que eran muy celosas con sus esposos, pero agregaron burlonamente que no entendían cómo podían desconfiar de sus parejas si ellos no tenían ningún atractivo pues estaban gordos y feos.

¡Qué terrible manera de hablar de estos líderes!, me pregunté en mi interior, ¿qué clase de cristianos son?

Luego continuaron juzgando la vida de una madre soltera que había empezado a visitar la iglesia, criticando su forma de vestir, de caminar, de maquillarse.

Dijeron que su forma provocativa y sensual la hacía una Jezabel, y que los hombres debían cuidarse porque podrían caer en adulterio.

Para mí era difícil seguir comiendo mientras que el tiempo se me hacía eterno. No sé cómo mis oídos soportaron escuchar tantas mentiras y calumnias, porque eso es lo que yo sentía en mi espíritu.

No les bastó hablar mal de casi toda la congregación, continuaron, pero esta vez empezaron a juzgar a los pastores que Dios ha puesto para guiar en la iglesia donde asistimos.

Pero empezaron a hacerlo con preguntas y me dijeron:

¿Hermana, qué opina usted de los pastores?

¿Cómo le parecen?

¿Cree usted que tienen unción de Dios?

En ese momento pude sentir que de sus bocas salían espíritus de acusación, falso testimonio, falta de respeto y sujeción a las autoridades que Dios había puesto.

Y en ese momento pensé:

¿Qué estoy haciendo aquí?

¿Por qué acepté esta invitación?

No era nada edificante estar en ese lugar, quería salir corriendo, pero traté de tenerles paciencia y sólo les respondí: ¿Saben qué hermanos?, que me tengo que ir, ya se mi hizo tarde.

Sin embargo trataron de detenerme diciéndome: Hermana, aún falta el postre, quédese un momento más.

No obstante les contesté: Lo siento, tengo que marcharme ahora mismo.

Luego, mientras iba en mi auto de camino hacia mi casa, sentía mi cabeza bien perturbada y confundida, tenía ganas de vomitar pues lo que ellos habían hablado mal de los hermanos eran cosas tan fuertes que mi espíritu rechazaba y pensé:

¿Cómo voy a ver de hoy en adelante a estos hermanos, a los que ellos juzgaron, incluyendo a los pastores?

Me sentía contaminada, no pude dormir esa noche pensando en la maldad que hay en los corazones de muchas personas que aún están dentro de la propia iglesia y a las cuales se les ha confiado trabajar para el Reino de Dios y velar por la vida espiritual de otros.

En ellos no hay temor ni respeto a Dios para hablar de los propios pastores que han sido tan amorosos y pacientes con ellos y con toda la congregación.

Yo le pido que me dé un consejo, pues para mí ha sido difícil olvidar todo lo que escuché de ese matrimonio, siento que han sido de tropiezo en mi vida espiritual pues desde ese día no tengo deseos de participar en las actividades de la iglesia, me siento desanimada y muy triste.

Necesito un consejo porque, aunque tengo muchos años en el evangelio, esto que viví al lado de ese matrimonio me está causando problemas en mi relación con Dios.

Querida Hermana:

Empezaré diciéndole que cada día tenemos mucho que seguir aprendiendo en la vida cristiana, no importa los años que tengamos en el evangelio. Y que a esta experiencia vivida con esas personas, debe sacarle provecho para su propio crecimiento espiritual.

¿Cómo?, preguntará usted.

Le explicaré, aunque usted esperaba que esa invitación hubiera sido una bendición, nunca imaginó que fuera todo lo contrario. Déjeme decirle que nunca olvidará la enseñanza que Dios le quiere dar.

Recuerde que usted es el templo y que allí habita el Espíritu Santo.

Dios quiere que nos limpiemos de toda contaminación de carne y de espíritu, estamos viviendo tiempos peligrosos, ya Dios lo ha advertido en el libro de 2ª Timoteo 3:1.

"También debes saber esto: que en los postreros días vendrán tiempos peligrosos."

Y luego da una lista de personas y allí aparecen los hombres calumniadores, pero el consejo que Pablo le da a Timoteo es que él persista en lo que ha aprendido desde la niñez y que no se deje influenciar por ninguna persona que no quiera vivir en el conocimiento de la verdad a través del consejo de la Palabra. Y ese es el mismo consejo para usted hermana, siga persistiendo en lo que fue enseñada.

Lo primero que tiene que hacer es llevar en oración a estos hermanos para que no sigan contaminando a otros miembros de la iglesia.

Después de llevarlos en oración use la prudencia, no comente con nadie lo que sucedió, hable con ellos a solas y dígales el error que cometieron, cuénteles lo difícil que ha sido para usted olvidar todo lo que escuchó de ellos ese día y lo que esto provocó en su relación con Dios, para que sepan que obraron mal, pero hágalo sin insultar, evite las discusiones, no los degrade, no se enoje ni les falte al respeto, esto es muy importante en una confrontación entre cristianos.

Si ellos no reconocen y persisten en el error, diciendo que tienen la razón:

1-Manténgase alejada de ellos lo más que pueda, porque este tipo de personas lucen tan bien en sus ropas dominicales, que muchas veces es difícil discernir lo que hay en sus corazones pues se esconden bajo el servicio que realizan.

2-Hable con su pastor y explíquele lo que pasó para que sean confrontados y exhortados por él, necesitan ser enseñados a la luz de la Palabra de Dios para que cambien de su mal proceder.

Si reciben la exhortación, ¡Gloria a Dios!, y si no, pues será el Todopoderoso quien se encargará de ellos.

Claro, no se puede permitir que esta clase de personas sigan provocando división, hay que tenerles misericordia pero también confrontarlos con la verdad.

"Al hombre que cause divisiones, después de una y otra amonestación deséchalo, sabiendo que el tal se ha pervertido, y peca y está condenado por su propio juicio." Tito 3:10, 11.

La Biblia es clara, si la persona siendo exhortada varias veces no cambia de actitud, se convierte en una persona peligrosa y tóxica para la congregación.

Usted es la prueba de haberse contaminado por las palabras que salieron de la boca de ellos.

Así que ore, que Dios le siga limpiando su mente, su corazón y aprenda a no imitar lo malo, sino venza con el bien el mal.

"Amado, no imites lo malo, sino lo bueno. El que hace lo bueno es de Dios; pero el que hace lo malo, no ha visto a Dios." 3ª Juan 1:11.

No se desanime, al contrario, siga adelante, sea usted un ejemplo para las personas nuevas que llegan a la iglesia y de esa forma agradará a Dios.

Somos cartas leídas por otros, recuérdelo, y no hay cosa más hermosa que tener comunión con Dios y con los hermanos de la congregación, porque allí derrama el Señor su bendición.

Encontré la Luz de JESÚS

MADRE SOLTERA, SUS HIJOS
NO LE AYUDAN EN NADA

Soy una madre soltera desde hace más de 20 años, me separé del padre de mis tres hijos cuando aún ellos estaban muy pequeños, cuatro, tres y un año, respectivamente.

Ya ellos han crecido a mi lado, me han visto trabajar todo el tiempo para solventar los gastos de la casa y para solucionar todos los problemas que se nos han presentado.

Desde mi separación me dediqué a buscar a Dios, por lo tanto, mis hijos, han sido instruidos en el buen camino.

Sin embargo, tengo un gran problema con ellos que es la desconsideración hacia mi persona pues no me ayudan en los quehaceres del hogar, aunque sí debo decir que dos de ellos que ya trabajan me ayudan con el pago de la renta, pero se olvidan de las demás responsabilidades en la casa.

No levantan su plato después de comer, no limpian el baño, son desordenados y quieren que la casa esté bien limpia, reclaman orden y ellos mismos no colaboran para el bien de todos.

Estoy sintiéndome muy cansada porque la carga de la casa me la han dejado sólo a mí.

Creo que si todos vivimos bajo el mismo techo, debemos cada uno colaborar también en mantener la casa limpia y ordenada.

Quisiera que ellos lo entendieran e hicieran su parte, ya que me siento demasiado cargada con todo lo que hago.

-Trabajo fuera de la casa.

-Tengo que cocinar al regresar de mi trabajo.

-Luego limpiar, lavar los trastes y acomodar todo.

-Tengo que ir a la tienda a comprar lo necesario.

-Limpio la casa, lavo, plancho, etc.

- También llevo la administración de las finanzas.

Como puede usted ver, es mucha la presión que llevo, porque incluso cuando el agua se acaba en la casa ellos no quieren ir a comprarla, siempre están posponiendo y dicen que lo harán mañana y ese mañana no llega. Y ni modo, yo tengo que ir a comprarla.

Debido a esa enorme lista de responsabilidades que hay sobre mí, desde hace algún tiempo me he sentido muy cansada y eso ha conllevado a otras cosas más, como mi descuido personal.

-Tengo mis manos maltratadas.

-Los pies cansados y descuidados.

-Mi cabello es un desastre, pues no tengo tiempo para ir a que me lo pinten y me lo corten.

-No he atendido a mis citas médicas, he estado posponiéndolas.

Esta situación me está preocupando mucho pues he vivido sólo para atenderlos a ellos y pienso: ¿Quién ha cuidado de mí?, y me contesto: ¡Nadie!

Últimamente he perdido toda motivación y siento que mis fuerzas emocionales se me están terminando. Físicamente no puedo seguir con este ritmo de vida.

Ya no me dan ganas de limpiar como lo hacía antes. Compro frutas, verduras y alimentos saludables para hacerlos en casa, pero no tengo las fuerzas para hacer jugos ni cocinar saludablemente. Hay días que no cocino porque se me hace más fácil llegar del trabajo e ir a comprar cualquier cosa para comer, no importando que no sea saludable. Compro pizza, comida china, burritos, tacos, etc., a tal grado que ya no sé ni qué comer.

Estoy perdiendo la alegría de vivir, no tengo deseos de salir de casa y me siento de mal humor casi todo el tiempo, mientras que a mis hijos los veo llenos de energía. Ellos llevan una vida social muy activa, salen con sus amigos todas las semanas y disfrutan la vida, mientras que yo me estoy marchitando.

De veras, en la casa no quieren colaborar en nada, pero cuando se trata de salir a la calle con sus amigos, no les importa dejar todo el tiradero en su propio cuarto, pero además de eso, sólo quieren estar con el teléfono todo el tiempo.

Los he aconsejado, les he pedido que me ayuden, pero todo ha sido en vano. En la casa son una cosa, afuera son otra.

Necesito salir de esta situación, sé que como madre he tenido muchas fallas y siento que soy culpable. Por eso le cuento mi problema y pido su consejo.

¿Qué puedo hacer con mis hijos?

Estimada Madre Soltera:

Entiendo la situación por la que está pasando, pero quiero que primeramente usted reconozca que su deseo desmedido por darles amor a sus hijos y por la falta de un padre físico para ellos, la llevó a sobreprotegerlos.

Ahora es el momento de enfrentar y ponerle freno a esta situación, no se sienta derrotada, al contrario, anímese.

Tiene que seguir enseñando a sus hijos que sean independientes en la vida, pero también responsables. Establezca nuevas reglas mientras que ellos sigan viviendo con usted.

Luego encárguese de lo suyo, no siga poniendo en peligro su salud física, mental, emocional y hasta la espiritual, pues veo que esas áreas han sido afectadas por el comportamiento de sus hijos. Recuerde, ya crecieron, ahora ayúdeles a madurar.

Recuerde que como madre cristiana tiene al mejor consejero, el Espíritu Santo, quien nos habla a través de la Palabra del Señor, la Biblia.

Hay una riqueza de consejos para sus hijos, que les puede compartir. Proverbios 1:8, 9.

"Oye, hijo mío, la instrucción de tu padre, y no desprecies la dirección de tu madre; porque adorno de gracia serán a tu cabeza, y collares a tu cuello."

Dígales que ellos serán beneficiados en sus vidas porque al oír las instrucciones suyas serán adornados de gracia para con los demás. Proverbios 6:20-22.

"Guarda, hijo mío, el mandamiento de tu padre, Y no dejes la enseñanza de tu madre; Átalos siempre en tu corazón. Enlázalos a tu cuello. Te guiarán cuando andes; cuando duermas te guardarán; Hablarán contigo cuando despiertes."

Escríbales estos textos bíblicos y póngaselos en el lugar donde ellos duermen, o en un lugar donde puedan leerlos y explíqueles las bendiciones que ellos recibirán cuando escuchen el consejo bíblico y lo pongan en práctica.

Proverbios 15:20.

"El hijo sabio alegra al padre; mas el hombre necio menosprecia a su madre."

Sus hijos la están menospreciando, le están restando importancia, pero deben considerar que usted merece su amor, aprecio, comprensión y atención.

Dígales claramente que ya no tiene las fuerzas de antes y que la consideren.

Proverbios 29:15.

"La vara y la corrección dan sabiduría; mas el muchacho consentido avergonzará a su madre."

Sus hijos ya no pueden ser corregidos de la forma como se hace con un hijo pequeño, porque ya han crecido y en su caso han sido bastante consentidos.

Ellos están acostumbrados a hacer su propia voluntad en algunas áreas y no han querido ser corregidos de su mal proceder. Usted debe reconocer que como madre lo permitió.

Pero todavía hay esperanzas, si usted ora e intercede por ellos, será posible que cambien, la fe mueve montañas.

Sé que serán una familia muy unida y que sus hijos le agradecerán en el futuro, la forma como los corregirá hoy.

"Si Jehová no edificare la casa, en vano trabajan los que la edifican". Salmo 127:1.

Dios debe ser primero en la vida de ustedes y verá usted cómo Él va a edificar esas áreas deficientes en sus hijos, para que usted no siga trabajando en vano en las vidas de ellos.

Encontré la Luz de JESÚS

HOMBRE CASADO, QUE ESTÁ ENAMORADO DE UNA HERMANA DE LA MISMA CONGREGACIÓN

Tengo dieciocho años de estar casada, mi esposo y yo hemos tenido una relación muy bonita llena de amor y buena comunicación, pero desde hace un año todo empezó a cambiar.

Después de ser un hombre muy cariñoso y detallista conmigo, dejó de serlo. Antes me llevaba a cenar y me compraba flores. Siempre que él recibía su pago me daba un dinero para que yo comprara lo que quisiera, ahora me dice que ya no le alcanza y por eso ha dejado de hacerlo.

Otra cosa que está pasando con mi esposo, es que yo me le acerco para abrazarlo o darle una muestra de mi cariño y él me rechaza, casi no corresponde a mis caricias y eso me duele mucho.

Antes él no estaba tan pendiente de su teléfono, ahora sí, casi todo el tiempo se la pasa viendo y escribiendo mensajes de texto. Antes no le había puesto a su celular clave para entrar, pero hoy ya lo hizo. Yo usaba su teléfono, pero ahora no permite que nadie más lo use, no se desprende de él ni para ir al baño.

He sufrido estos meses en silencio, pero ha llegado el colmo de lo que descubrí.

Asistimos a la iglesia y últimamente he visto que él se preocupa de su aspecto físico más que antes.

Un día noté algo raro que me preocupó más, durante el servicio en la iglesia se salía tres veces y le pregunté por qué lo hacía. Él me dijo que era porque necesitaba ir al baño.

Pero a la semana siguiente, mientras yo estaba cocinando, oí que su teléfono sonó y él se fue para la recámara, me acerqué sin que se diera cuenta para escuchar con quién hablaba y mencionó un nombre de mujer, le dijo que el domingo la vería.

¡Qué extraño!, pensé. Y quedé muy sorprendida, me entró mucha ansiedad tener que esperar hasta el domingo para darme cuenta quién sería esa mujer que estaba destruyendo mi relación matrimonial. Empecé a recordar a las hermanas que llevaban el nombre que él mencionó, pero como es un nombre muy conocido y hay varias con ese mismo en la congregación, no pude pensar en alguien en particular.

Llegó el domingo y desde que nos despertamos empecé a notar que mi esposo tomó más tiempo para estar en el baño, le preocupó ponerse una camisa que estuviera bien planchada, se peinó y se puso gel en su cabello mientras yo seguía observándolo, luego tomó el frasco de un perfume que en esa misma semana él había comprado.

Así que llegamos a la iglesia y seguí observando el más mínimo detalle de su comportamiento, lo veía ansioso, como que con su mirada buscara a alguien y, cuando llegó el tiempo de las ofrendas, él se salió y detrás me fui yo sin que me viera.

Él se dirigió al estacionamiento y desde lejos vi que alguien lo esperaba dentro de un auto y le entregaba un sobre, pero no pude ver quién era esa persona.

Pensé, yo no me voy a la casa sin saber quién es esa mujer. Y me dije a mí misma: "Cálmate, tienes que seguir fingiendo, hacer como que todo está bien."

Al terminar el servicio un hermano se le acercó para hablar con él y se fueron para otro lugar de la iglesia, mientras yo conversaba con algunas hermanas.

Luego lo fui a buscar y cuál fue mi sorpresa; lo vi hablando con esa mujer muy cerca de ella, de repente aparecí, se sorprendieron con mi llegada y se separaron inmediatamente. Ella se puso muy nerviosa, me saludó y luego se fue muy rápido.

Le pregunté a mi esposo: ¿Qué está pasando con esa mujer, no sabe que eres casado? Él me dijo: Tú eres la mal pensada, ella sólo estaba diciéndome algo de una actividad que van a hacer.

No lo podía creer, era una mujer a la cual yo había ayudado y hasta la había llevado a comer en mi casa.

Mientras íbamos de regreso ya no pude más y empecé a pelear con mi esposo como nunca antes lo había hecho, me sentí la mujer más desdichada de la tierra, sentía deseos de no vivir, pensaba quiero que sea un sueño nada más, ¿cómo es posible que a mí me esté pasando esto?, si yo te he dado lo mejor de mi vida, le dije.

Él me decía, ¡cálmate mujer!, no es nada. Esa noche fue terrible para mí, pero quería descubrir toda la verdad así que mientras él dormía profundamente, empecé a buscar la carta que esa mujer le había entregado. La encontré, me fui al baño para leerla y vi que decía:

"Desde que te vi me enamoré de ti, fue amor a primera vista."

También le preguntaba cuándo me iba a dejar, ya que ella estaba dispuesta a irse con él. Le inquiría si él ya me había dicho acerca de lo que ellos sentían y que cuándo se iba a divorciar de mí. ¡Qué descarados! Pensé.

Pero con el corazón destrozado y sintiéndome la más desdichada en este mundo, sentí que el enemigo empezó a echarle más leña al fuego en mi mente y escuchaba esa voz maligna que me hablaba y me decía al oído:

-Ella es más joven que tú.

-Ella tiene mejor cuerpo que tú.

-Ella es más preparada que tú.

-Ella es más alta que tú.

-Ella es más atractiva que tú.

En esos momentos empecé a gritar, mi esposo se despertó y corrió al baño donde yo me hallaba, así que me encontró con la carta en las manos y quedó completamente sorprendido y descubierto.

Empecé a golpearlo, era tan grande el enojo que sentía que no quería verlo más, lo corrí de la casa y él se fue sin darme una respuesta sobre su engaño.

Al día siguiente mi marido regresó y me pidió perdón, pero ya no confío más en él, no sé qué hacer, he dejado de asistir a la iglesia y no quiero ver más a esa mujer.

Estoy desesperada, ¡ayúdeme por favor con su consejo!, ¿qué debo hacer?

Estimada Hermana:

Qué triste es escuchar su historia. Y es en esos momentos, en las tribulaciones, donde podemos derramar nuestra alma al Señor Jesucristo nuestro salvador, nuestro sustentador y nuestro pronto auxilio.

Lo primero que le diré es que usted necesita ser sanada de su corazón, ha sido muy fuerte este golpe emocional, aférrese de Dios y acuda al verdadero amor de su vida, Él nunca le fallará, Él permanece fiel hasta después de la muerte, porque su amor es puro.

No le siga creyendo al enemigo de su alma, que le dice que usted es fea y que no tiene ningún atractivo.

El Señor la llama hermosa mía, amada mía, hermana mía y perfecta mía, así lo menciona el libro de Cantares.

Déjese ser intervenida por el único cirujano perfecto, Él le pondrá un nuevo corazón, lleno de esperanza, fe y amor verdadero.

Vea a través de las Escrituras sagradas, lo que dice acerca de las personas adúlteras.

Es condenado por Dios, es uno de los diez mandamientos dados por Jehová de los ejércitos y dice:

"No cometerás adulterio". Éxodo 20:14.

1-Su esposo ha sido un hombre sin entendimiento.

"Mas el que comete adulterio es falto de entendimiento;
Corrompe su alma el que tal hace." Proverbios 6:32.

Este espíritu de adulterio lleva cautiva a su presa y es conducido al camino del Seol, y al final lleva a la persona a las cámaras de la muerte, lo dice su Palabra.

Por lo tanto, él es digno de misericordia, ore por él, que Dios le abra los ojos de su entendimiento.

2-No está honrando su propio cuerpo.

"Porque habéis sido comprados por precio; glorificad, pues, a Dios en vuestro cuerpo y en vuestro espíritu, los cuales son de Dios." 1a Corintios 6:20.

Él no ha valorizado la sangre que Jesucristo derramó por él en la Cruz del Calvario, y él debe honrarlo con los miembros de su cuerpo y su espíritu.

3-Ha sido un hombre desleal.

"Mas diréis: ¿Por qué? Porque Jehová ha atestiguado entre ti y la mujer de tu juventud, contra la cual has sido desleal, siendo ella tu compañera, y la mujer de tu pacto.

Porque Jehová Dios de Israel ha dicho que Él aborrece el repudio, y al que cubre de iniquidad su vestido, dijo Jehová de los ejércitos.

Guardados, pues, en vuestro espíritu, y no seas desleales. Malaquías 2:14, 16.

Como puede ver hermana, a Dios le desagrada este tipo de personas que no tienen respeto y son infieles al compromiso que han hecho cuando contrajeron matrimonio.

Su esposo ha sido deshonesto, y la ha traicionado, incumpliendo los votos que prometió de serle fiel hasta la muerte.

Dios instituyó el matrimonio y dijo que honroso sería el matrimonio, pero que a los fornicarios y adúlteros los juzgaría Dios.

Así que no tome cargas que no son suyas, Dios se encargará de juzgar los actos de él.

Y otra cosa más terrible es que los adúlteros están en una lista de los que no entrarán en el Reino de los Cielos.

"¿No sabéis que los injustos no heredarán el reino de Dios? No erréis; ni los fornicarios, ni los idólatras, ni los adúlteros, ni los afeminados, ni los que se echan con varones, ni los ladrones, ni los avaros, ni los borrachos, ni los maldicientes, ni los estafadores, heredarán el reino de Dios." 1ª Corintios 6:9, 10.

Con esta experiencia vivida, ahora confíe plenamente en Dios, el hombre falla, pero no deje que el enemigo le ponga raíces de amargura, no vale la pena que siga atada en el dolor y la esclavitud por la deslealtad de él.

Mientras usted se mantenga en comunión con Él, Dios le dará la fuerza para perdonarlo.

Dios es su consolador, su sustentador y más que eso, su salvador.

Así que olvide lo que quedó atrás y empiece un nuevo capítulo en su vida, mujer de Dios.

Estará naciendo una nueva mujer, un nuevo ministerio en el cual podrá ministrar a muchas mujeres que han pasado por lo mismo que usted pasó.

Aliéntese y siga adelante hasta terminar su carrera con Cristo Jesús de su lado.

Encontré la Luz de JESÚS

HERMANO INSENSATO, ESTANDO CASADO SE ENAMORÓ DE OTRA MUJER Y SE FUE A VIVIR CON ELLA. PERO SU ESPOSA TAMBIÉN BUSCÓ OTRA PAREJA

Es para mí difícil y vergonzoso contarle esta historia, lo hago con el único propósito de ser libre pues se me está haciendo imposible creer en los mismos hermanos de la fe.

Le contaré, conocí en la iglesia a un hermano que no mostró ningún respeto para Dios y para su esposa, lo digo así porque lo que él hizo, no es de una persona temerosa al Señor.

Este hombre, estando casado, andaba enamorando a más mujeres dentro de la propia iglesia y siempre buscaba las que tuvieran dinero, negocios, propiedades, o buenos autos.

Un día, estando en una reunión de mujeres, una de las asistentes nuevas pidió oración por un hermano que la estaba invitando a salir. Mencionó que él quería ser su consejero, ya que ella había tenido un pasado de dolor, abuso y tenía su corazón roto.

Este hombre le dijo que la consejería se la iba a dar fuera de la iglesia, que era mejor que nadie se enterara de su vida y la invitó a salir.

Yo, siendo parte del liderazgo, inmediatamente rechacé la actitud de este supuesto hermano.

Después de la reunión, me acerqué a la hermana para hablar más sobre lo que comentó, diciéndole que desde ningún punto de vista era correcto que ella saliera de la iglesia para recibir consejería.

Le pregunté quién era ese hermano y me dio el nombre, tuve que decirle que era casado y que no era correcto que ella saliera con él.

Ella me agradeció el consejo y me dijo que no iba a salir, que ella respetaba a los hombres casados.

Pasaron algunos meses y empecé a notar muy extraña a esta hermana, llegaba tarde a la iglesia y se salía antes que las reuniones terminaran.

Le llamé por teléfono pero nunca me contestó ni respondió a mis mensajes de texto.

Un día fui a un restaurante a cenar con mi hermana que había venido a visitarme, y cuál fue mi sorpresa al ver que este hombre casado y esa hermana estaban en una mesa en el mismo lugar tomados de la mano, muy cariñosos.

Y dije: "No puede ser", yo quería levantarme e ir a hablar con ellos, pero le pedí a Dios que no fueran mis emociones, sino que fuera Él quien me guiara a confrontarlos.

Cuando nos dirigíamos al estacionamiento los encontramos muy abrazados, despidiéndose con un beso muy apasionado y sentí que era el momento de hablar.

Los saludé, me armé de valor y le dije al hermano: No puedo creer lo que estoy viendo, ¿usted no tiene respeto para su esposa? Él quedó completamente asombrado y me dijo inmediatamente, no se lo vaya a decir a mi esposa, por favor, se lo suplico, déjeme explicarle.

Fue un momento que no pude controlar y le dije: ¡No mienta!

Así que este hombre empezó a justificarse de sus actos y acciones, me dijo que su esposa ya no era la misma de antes, que no lo atendía y que él tuvo que buscar a otra mujer que lo satisficiera.

¡Qué descaro! Pensé.

Obviamente, la hermana se fue inmediatamente del lugar pues no quiso ser confrontada.

Llegué a la casa y me puse a orar por su esposa, para que Dios la consolara cuando se diera cuenta de la infidelidad de su esposo.

Fue muy difícil para mí seguir viendo a este hombre llegar con la Biblia en su mano y entrar a la iglesia como si nada hubiera pasado.

Después de dos meses aproximadamente, recibí una llamada casi a media noche y era una mujer que lloraba inconsolablemente, como no pude reconocer su voz pregunté quién era y me dijo: Soy la esposa del hermano. Y mencionó su nombre.

Le pregunté, ¿qué le pasa hermana, cómo le puedo ayudar? Ella empezó a contarme que había descubierto la infidelidad de su esposo a través de su teléfono, donde le escribía a su nueva amante y le decía que le diera tiempo, que pronto se divorciaría de mí para casarse con ella.

Le di algunos consejos y se pudo calmar un poco, después esta mujer fue muy valiente, se secó sus lágrimas y habló con los pastores para que le quitaran a su esposo todos los privilegios que tenía.

A pesar que ella aparentemente superó esta situación dentro de ella quedó un enojo muy grande, de tal manera que dijo que no se iba a quedar con el dolor que le había causado su esposo, que se vengaría, y así lo hizo.

Después de algunos días empezó a salir con un hombre más joven que ella, ambos de la misma iglesia, su corazón se ligó a él afectivamente y empezó a bajar de peso, a cuidar más de su imagen.

Un día me dijo: Hermana ya dejé de llorar por ese hombre, he encontrado el verdadero amor, le he pagado con la misma moneda a mi exesposo, sé que le va a doler más porque este hermano era su mejor amigo, la venganza es dulce. No podía creer lo que estaba escuchando de esta hermana.

Así pasaron algunos meses, luego ella apareció en la iglesia de nuevo y me dijo que ya todo se había arreglado con su esposo, que ambos se habían pedido perdón y ahora cada quien respetaba la nueva relación que tenían, que no había ningún rencor y que seguirían dentro de la misma iglesia trabajando. En fin, que habían dejado el pasado atrás y que estaban construyendo una nueva vida por separado con sus nuevas parejas.

Esto para mí es confuso, no lo entiendo, tengo ganas de irme de ahí, renunciar al ministerio y buscar otra iglesia, por favor, deme un consejo, no sé qué hacer.

Estimada Hermana:

Estamos viviendo en tiempos finales, cosas que no habíamos visto antes hoy los estamos viendo, hombres y mujeres amadores de sí mismos.

Usted debe seguir escudriñando la Palabra de Dios para que pueda estar reposada y no dejar que nadie le robe la fe en la cual usted ha creído.

Estas personas de las cuales usted habla no aman a Dios por sobre todas las cosas, sino que aman sus propias pasiones, se deleitan en ellas, pero esto es muy peligroso, van por caminos equivocados, están al borde de la confusión mental y emocional.

Ningún testimonio bueno les están dando a las generaciones venideras, todo lo contrario.

¿Hasta dónde van a llegar este tipo de cristianos? Se pregunta uno.

Lo importante aquí es que usted no deje que esto siga perturbando su espíritu, eche fuera todo pensamiento que no la edifica.

Si el esposo de ella cayó en este lodo cenagoso de las pasiones desordenadas, no puedo entender cómo ella también se ensució con el pretexto de vengarse.

La Biblia nos habla que buscando el rostro de nuestro Salvador Jesucristo encontraremos la libertad del pecado.

"Porque mientras estábamos en la carne, las pasiones pecaminosas que eran por la ley obraban en nuestros miembros llevando fruto para muerte." Romanos 7:5.

Esa era en la vida pasada, pero ahora hemos resucitado con Cristo Jesús a una nueva vida.

Es necesario examinarnos, hermana querida, para no caer en esos lazos infernales y cuidar nuestra salvación con temor y temblor.

Gálatas 5:24 dice:

"Pero los que son de Cristo han crucificado la carne con sus pasiones y deseos."

También nos dice Colosenses 3:5-8:

"Haced morir, pues, lo terrenal en vosotros: fornicación, impureza, pasiones desordenadas, malos deseos y avaricia, que es idolatría; cosas por las cuales la ira de Dios viene sobre los hijos de desobediencia, en las cuales vosotros también anduvisteis en otro tiempo cuando vivíais en ellas.

Pero ahora dejad también vosotros todas estas cosas: ira, enojo, malicia, blasfemia, palabras deshonestas de vuestra boca".

Lo que puedo ver en esa esposa traicionada, es que ella no perdonó, sino que con el fin de desquitarse, ofendió y dañó en respuesta al daño que recibió.

En Levítico 19:18 dice:

"No te vengarás, ni guardarás rencor a los hijos de tu pueblo, sino amarás a tu prójimo como a ti mismo. Yo Jehová."

Y también en Proverbios 20:22 dice:

"No digas: Yo me vengaré; Espera a Jehová, y él te salvará."

Como puede ver hermana, la Biblia es bien clara y sencilla al hablarnos.

Empiece a desintoxicarse con la Palabra de Dios, y usted irá de victoria en victoria.

Encontré la Luz de JESÚS

MUJER FRUSTRADA Y CON MUCHOS TEMORES

Soy una mujer casada, tengo hijos, pero además vivo llena de muchos temores ya que desde niña experimenté esos sentimientos que hasta el día de hoy me persiguen.

Empecé por tener miedo a la oscuridad, tenía que dormir con la luz encendida y no quería que llegara la noche porque entonces me aterraba.

Fui creciendo y de la misma manera también mis temores ya que mis padres me castigaban duramente, yo sentía que no me amaban sino que me rechazaban y todo lo que hacía, aunque fuera bueno, ellos no lo reconocían.

Recuerdo que en la escuela hubo una maestra a quien le gustaba preguntarnos mucho sobre diferentes temas, pero en una ocasión mi respuesta fue incorrecta por lo que mis compañeros se empezaron a reír y a burlarse de mí y eso provocó que me naciera otro temor, el de hablar en público.

En mi adolescencia seguí experimentando muchos más temores como:

Temor a perder lo que amaba.

Temor al qué dirán.

Temor al rechazo.

Temor a no ser apreciada.

Temor a la muerte.

Temor al sufrimiento.

Temor al dolor.

Temor al fracaso.

Temor al futuro, etc.

Mi vida ha sido un verdadero martirio, en mi juventud me aislé de todo contacto social pues sentía temor hasta de vestirme de una manera que no fuera aceptada en el grupo. Entonces empecé a adquirir una diferente forma de vida para agradar a mis amigos, pero sentía que no era yo, la realidad era que los temores me habían robado mi propia identidad.

En ese tiempo mis amigas tenían novios, las observaba y me preguntaba ¿por qué yo no puedo ser atractiva como ellas? Los muchachos siempre se dirigían a mis amigas y yo me seguía sintiendo aún más rechazada.

Así transcurrió mi vida hasta que un compañero de trabajo se fijó en mí y empecé a sentirme amada, no conocía del buen trato, antes no había escuchado una palabra de felicitación ni palabras de aliento y consuelo a mi vida, pero gracias a Dios que me dio a mí un esposo lleno de amor.

Sin embargo, han pasado los años y ahora esos temores me están acechando con mayor fuerza, pensé que ya los había superado pero ha sido todo lo contrario, todavía están dentro de mí.

Mi matrimonio está en peligro, siento que mi esposo no me está teniendo paciencia y mis temores me están llevando a desconfiar de él pues me la paso pensando que él me pueda dejar por otra mujer.

No lo puedo ver con el teléfono celular en sus manos porque de inmediato pienso que está hablando con otra mujer y, en mi imaginación pienso lo peor, que él me va a abandonar.

Siento que esos pensamientos no me dejan vivir tranquila ni ser la esposa cariñosa que antes era, no sé qué sería de mi vida sin mi esposo. Antes tenía motivación para limpiar, ordenar y decorar la casa, pero ahora no siento ánimo para nada, sólo quiero estar acostada viendo programas en la televisión, también he subido mucho de peso pues no estoy cuidando mi alimentación y he dejado de hacer ejercicio.

Si escucho que alguien ha sido engañada por su esposo, pienso que también yo lo seré. Una vecina me comentó que tenía problemas con su marido porque lo había sorprendido hablando con otra mujer, inmediatamente empecé a sentir un temor muy grande, tanto así que en ese preciso momento le hablé a mi esposo, quien estaba trabajando, y le pregunte qué estaba haciendo y con quién estaba.

Si me entero que alguien tuvo un accidente, me imagino que a mí me puede pasar lo mismo. Sufro mucho cuando oigo noticias trágicas, siento pánico y no quiero salir ni a la tienda porque pienso; ¿será posible que yo vaya a tener un accidente?

Si oigo que alguien abandonó a su pareja, siento que mi esposo me va abandonar también, él me ha dicho que me estoy volviendo loca y que no lo dejo vivir en paz.

Si sé que alguien está enfermo(a), yo empiezo a sentir los síntomas que esa persona esté padeciendo; pero no puedo ir a ningún hospital porque siento que si voy las enfermedades que tienen esos pacientes me los contagiarán a mí.

Estoy en gran desesperación. ¡Es algo terrible!

A causa de eso estoy sintiendo ataques de ansiedad y pánico por cualquier cosa, hasta el punto que he dejado de manejar mi auto.

La inseguridad me persigue donde quiera que vaya, no puedo dormir por las noches y estoy en una gran depresión, completamente frustrada.

Necesito ayuda y me gustaría que usted me la diera. Por favor, estoy a punto de tirar la toalla, como dicen por ahí.

Estimada Mujer:

Es difícil la situación que está viviendo pues los temores tienen su origen en la mente y en las emociones, esas sensaciones desagradables la tienen frustrada ya que el temor es el miedo a algo malo o negativo que le pueda ocurrir a usted.

Déjeme decirle que hay solución en Cristo Jesús, los grandes hombres de Dios también tuvieron temores, porque el enemigo lo que quiere es paralizar al ser humano para que no sea feliz, para que no se cumpla el propósito de Dios en su vida y que no alcance las metas que se propone.

Hay temores que son el resultado de haber actuado mal con alguien, como en el caso de Jacob que engañó a su hermano Esaú negociando la primogenitura que le correspondía a éste; luego él también pasó por un engaño, el de Lavan, su suegro, y después llegó el momento de encontrarse con su hermano.

Jacob tuvo temor, lo dice la Palabra de Dios, la Biblia, en Génesis 32:7a.

"Entonces Jacob tuvo gran temor, y se angustió; y distribuyó el pueblo que tenía consigo, y las ovejas y las vacas y los camellos, en dos campamentos."

Vemos en este caso que él se preparó con una estrategia para salvar su vida si su hermano lo atacaba.

Pero Jacob hizo algo que usted debe hacer, clamar a Jehová, porque Él escuchará su clamor.

"Líbrame ahora de la mano de mi hermano, de la mano de Esaú, porque le temo; no venga acaso y me hiera la madre con los hijos." Génesis 32:11.

Mas el final fue maravilloso, su hermano: "Esaú corrió a su encuentro y le abrazó, y se echó sobre su cuello, y le besó; y lloraron." Génesis 33:4.

Dios siempre quiere arreglar nuestra vida familiar y por ello trabajó en las emociones dañadas de Esaú. Y el temor de Jacob se terminó cuando su hermano lo abrazó y lo besó.

Es realmente tremendo lo que Dios puede hacer para unir a las personas en el vínculo perfecto del amor.

Él lo hará también con usted y su familia, si usted les ha fallado, Dios a través de la oración le dará la gracia, para que pida perdón por sus errores y los unirá para que juntos vivan en armonía.

Le sugiero que después de orar siga renovando su mente, leyendo los mandamientos y estatutos que Dios nos ha dejado. Y vendrá un temor a Dios, para obedecerle; que es todo lo contrario a los temores que usted y muchas personas están sintiendo en este momento.

Pero mire los beneficios que recibimos al tener el temor a Jehová:

-No tendrá temor de malas noticias. Salmo 112:7.

-Aborreceremos el mal. Prov. 8:13.

-Es el principio de la sabiduría. Prov. 9:10.

-Es manantial de vida, para apartarse de los lazos de la muerte. Prov.14:27.

-Aumentará nuestros días. Prov. 10:27.

-Traerá riquezas, honra y vida. Prov. 22:4.

Deje de estar escuchando noticias alarmantes, ya que esa información no le está beneficiando en nada. Deje de hacerlo y ahora abra sus oídos para meditar en la Palabra de Dios, de esa forma empezará a vivir una vida diferente.

Renuncie ahora mismo a esos temores en el nombre poderoso de Jesús, Él no le ha dado a usted un espíritu de temor sino de poder para vencer todo mal. También le ha dado espíritu de amor para vencer toda adversidad y dominio propio para decir: No, a lo que no le conviene.

Aprenda a oír la voz de Dios atentamente cada día y será la mujer más feliz en esta tierra.

"Mas el que me oyere, habitará confiadamente y vivirá tranquilo, sin temor del mal." Prov. 1:33.

Este versículo nos da la luz para vivir una vida de paz y gozo, la importancia de oír el consejo bíblico.

En su hogar vivirá tranquila y llevará una buena relación con su esposo, él no querrá salir de casa después de sus obligaciones de trabajo, porque habrá una mujer libre de temores, eso la hará amorosa, comprensiva, la llenará de energía para seguir haciendo la función de madre y esposa con excelencia, porque ahora su corazón estará confiado en Dios primeramente, eso la hará ser una mujer obediente y disfrutará de esos beneficios de los cuales hoy carece.

Dormirá tranquilamente y ese insomnio huirá de su vida.

"Cuando te acuestes, no tendrás temor, sino que te acostarás, y tu sueño será grato." Prov. 3:24.

Tome un momento para pensar en el gran amor que ha tenido para usted quien envió a su Unigénito Hijo al mundo para perdonarla, rescatarle de la sentencia de muerte por el pecado y vino a hacerla libre de todos sus temores.

El rey David, escribió en el libro de Salmo 34:4.

"Busqué a Jehová, y él me oyó, y me libró de todos mis temores."

No dice de Algunos sino de Todos los temores que podría estar experimentando. Así lo hará con usted, sólo busque y escuche a Dios.

Después que haya sido libre, agradezca a Dios por su gran amor y poder. Recuerde que Dios restaura lo que ha pasado, viva y sea feliz.

Encontré la Luz de JESÚS

INFILTRADO EN LA CONGREGACIÓN PARA ENGAÑAR Y CONFUNDIR, ÉL PERTENECE A UNA IGLESIA SATÁNICA

Estoy aterrado al saber que uno de los miembros de la congregación a la cual asisto, no es lo que todos creíamos. He sabido que este hombre ha llegado a engañar, confundir y causar división dentro de la iglesia.

Tengo temor de lo que pueda estar pasando en otras congregaciones, porque así como este hombre ha llegado con propósitos diabólicos siendo un emisario del mismo Satanás, puede hacerlo en otras.

Su trabajo ha sido muy sutil, se acerca al pastor, a las familias, las invita a tomar un café y platica mucho con ellos. En lo personal he recibido invitaciones para ir a su casa y compartir los alimentos.

Un día fui sorprendido con algo que me dejó sin palabras y con mucha angustia, pues mientras me dirigía al baño crucé por el pasillo y en uno de los cuartos miré algo que me aterró, vi un altar dedicado a la muerte, con muchas imágenes y signos satánicos.

No podía creerlo, antes le había aceptado dos invitaciones sin sospechar su vida oculta, sus engaños y que es un infiltrado dentro de nuestra iglesia, que es sana doctrina.

La última vez que le visitamos sentí algo muy extraño cuando llegamos a su casa, luego, cuando entramos en ella, había un olor muy desagradable.

En mi interior pensé: ¿Qué será eso?

Sentí que el espíritu que habita en mí, que es el Espíritu Santo, se contristó dentro y me dijo: ¿Qué estás haciendo aquí?

Inmediatamente quise salir de ese lugar, pero mi esposa empezó a conversar con la esposa de este supuesto cristiano. Pero no las interrumpí, las escuché hablar de algunos temas como decoración, comidas y hasta de actividades que esta persona quería llevar a cabo en nuestra iglesia.

Sin embargo, este hombre quiso poner cizaña en mi corazón al decirme que algunos hermanos habían hablado mal de mí y de mi familia.

Estaba sintiéndome más que incómodo, hasta el punto que no pude comer y solamente pedí un vaso con agua. Cubrí a mi esposa con la sangre de Jesucristo y oré para que esos alimentos fueran santificados por Dios.

Luego, mientras regresábamos a casa, le comenté a mi esposa lo que pude percibir y ella me confió que también había sentido lo mismo, un espíritu que nos quería envolver para rechazar todo consejo pastoral.

Así que al llegar a nuestra casa, nos hincamos a orar y le pedimos perdón al Señor por no haber consultado con Él antes de visitar ese hogar. De igual manera, también le dimos gracias a Él por habernos dado el discernimiento de espíritus, para discernir qué es lo que se movía en el corazón de ellos.

Dios nos dio dirección y cómo actuar desde ese día, por tanto empezamos a ayunar solamente nosotros, después se lo comentamos al pastor y él se unió también en una cadena de ayunos en los que toda la iglesia participó, creyendo y confiando que todo espíritu de las tinieblas saliera en el poderoso nombre de Jesucristo y que estos supuestos hermanos se libraran de esa doctrina satánica o que salieran de la congregación inmediatamente.

Después de haber ayunado durante varias semanas, tuvimos un culto glorioso donde el poder de Dios se derramó de una manera extraordinaria y el pastor, lleno de la gloria de Dios, llamó a esta familia al altar para orar por ellos y sucedió una gran liberación pues empezaron a estremecerse mientras él oraba y luego cayeron al suelo. Sí, se manifestó el mismo Satanás en ellos, pero la iglesia al ver eso oró más y ellos empezaron a ser libres.

Nunca olvidaré ese servicio, nadie salió y todos nos mantuvimos en un solo clamor de liberación; mientras que el pastor mencionaba los espíritus y éstos salían en el nombre poderoso de Jesucristo.

Cuando terminó ese servicio, ellos confesaron que habían sido enviados para destruir esa iglesia, pero que nunca habían experimentado ese poder glorioso en sus vidas, sus ojos fueron abiertos de toda mentira.

Ellos siguieron asistiendo durante algunos meses, pero luego salieron porque se mudaron de casa y no hemos vuelto a saber nada de ellos. Esperamos que hayan seguido el camino derecho que los llevará a la vida eterna.

Ahora mi pregunta es: ¿Cuántas iglesias cristianas de sana doctrina estarán siendo invadidas por estos engañadores que se fingen cristianos, pero pertenecen a iglesias satánicas? ¿Cómo podemos librarnos de esta clase de personas infiltradas dentro de la verdadera iglesia de Jesucristo?

Estimado Hermano:

He oído de personas que se han infiltrado en las iglesias cristianas para hacer daño, ya sea para aprovecharse de la bondad de los hermanos, confundirlos y hasta destruir las congregaciones.

En la Biblia, la Palabra de Dios, encontramos que Satanás se infiltró entre los hijos de Dios.

"Un día vinieron a presentarse delante de Jehová los hijos de Dios, entre los cuales vino también Satanás." Job 1:6.

Introducirse entre los verdaderos cristianos es lo que el enemigo busca con el propósito de desaparecer a los verdaderos hijos de Dios.

Con el permiso de Dios, empezó a dañar a Job, aun su propio cuerpo fue tocado, pero al final Satanás quedó avergonzado pues Dios lo levantó más fuerte que antes y le restituyó aún más lo que había perdido.

Asimismo, en estos tiempos trabaja éste en contra de los hijos de Dios, una vez que entran a la iglesia estos hombres y mujeres, llegan para estorbar los propósitos de Dios. El Señor Jesucristo nos advirtió en su Palabra que nos cuidáramos de este tipo de personas.

"Guardaos de los falsos profetas, que vienen a vosotros con vestidos de ovejas, pero por dentro son lobos rapaces." Mateo 7:15.

¿Cómo se pueden identificar este tipo de personas malignas, que lo que quieren es destruir la obra de Dios?

"Por sus frutos los conoceréis. ¿Acaso se recogen uvas de los espinos, o higos de los abrojos?" Mateo 7:16.

Debemos reconocer que este tipo de infiltrados hacen un trabajo bien estudiado, saben la vida de los pastores y de la congregación, muchas veces es difícil reconocerlos porque usan mucha astucia, son expertos en engañar.

¡Que el Señor Jesucristo los reprenda!

Es muy importante que en las iglesias haya mucha oración y dejar que los dones que Dios ha dado a los hermanos puedan manifestarse; en este caso el discernimiento de espíritus.

El Espíritu Santo capacita a sus siervos para saber qué es lo que está motivando a una persona para dañar, porque los infiltrados actúan por sus propios pensamientos malvados dentro de la grey del Señor.

En muchas ocasiones parece que ellos tienen buenas intenciones, pero su corazón está maquinando el mal.

En 2ª. Reyes 5 podemos ver un ejemplo del profeta Eliseo, su siervo Giezi, quiso engañarlo porque su corazón era codicioso, el profeta no quiso recibir ningún regalo de Naamán, el general del ejército sirio, cuando fue sanado de lepra.

Pero su siervo, fue tras esas dádivas, fue a un lugar secreto él tomó esos regalos, y los guardó en su casa; luego Eliseo le dijo:

"¿De dónde vienes, Giezi? Y él dijo: Tú siervo no ha ido a ninguna parte." 2ª. Reyes 5:25b.

Pero Eliseo era un profeta verdadero y tenía el don de discernimiento de espíritus y lo confrontó con la unción del Espíritu de Dios, y luego le dijo:

"Por tanto, la lepra de Naamán se te pegará a ti y a tu descendencia para siempre. Y salió de delante de él leproso, blanco como la nieve." 2ª. Reyes 5:27.

En estos tiempos se necesita este don para detectar lo falso de las personas, también las falsas doctrinas que se infiltran en las iglesias.

Oración y lectura de la Palabra de Dios, son dos armas poderosas que la iglesia debe practicar para no ser engañados por estos hombres y mujeres llenos de maldad que quieren destruir, pero no podrán cuando los miembros de la iglesia se unan en clamor, dejen las divisiones y se unan en buscar más el rostro de Dios.

Jesucristo venció al enemigo de nuestras almas, sigan adelante, no teman, tendrán la victoria y estas personas serán avergonzadas.

Glorifiquen a Dios, a Jesucristo nuestro salvador y al Espíritu Santo que habita entre nosotros.

Encontré la Luz de JESÚS

HIJO DESOBEDIENTE, REBELDE, QUE NO SE SUJETA A NADA NI A NADIE

Como padres nos sentimos decepcionados de nuestro propio hijo, quien ha mostrado rebeldía, desobediencia, falta de sujeción no solamente en el hogar sino también en la escuela y en la propia iglesia donde asistimos.

Estamos al borde de la locura y todo empezó desde que él era un niño. Por ser hijo único tratamos de darle lo mejor y cuidarlo lo más que pudiéramos.

Siempre que íbamos a la tienda él señalaba lo que quería, como dulces, galletas o cualquier otra golosina y se la comprábamos. Lo mismo en la juguetería, él escogía los juguetes y casi siempre lo complacíamos.

Pero llegó un día que ya no pudimos darle lo que él pedía debido a que mi esposo se quedó sin trabajo y nuestras finanzas fueron afectadas. Ahí empezó la peor pesadilla, fue en la edad de la adolescencia.

Nuestro hijo nos empezó a exigir zapatos y ropa de marca. Cuando salía con sus amigos nos pedía mucho dinero, en una ocasión nos pidió quinientos dólares porque quería ir a comprar algo en una tienda, pero por la situación económica que estábamos pasando no pudimos darle esa cantidad,. Entonces él nos empezó a gritar y a insultarnos con malas expresiones, muy ofensivas.

Ese día yo como madre me sentí mal y completamente decepcionada.

Siguió diciéndonos muchas cosas que nos dolieron como:

-Que se iría de la casa porque no lo queríamos.

-Que no éramos buenos padres.

-Que hubiera querido que otros fueran sus padres, etc.

Aún recuerdo esas palabras y nuevamente me hacen llorar, no puedo superar el desprecio con el que nuestro hijo nos habló ese día.

Por más que le demostraba mi amor y mis cuidados, él mostraba más rebeldía y desobediencia.

Su mal comportamiento no era sólo dentro de la casa sino también en la escuela, así que empezaron las llamadas telefónicas de las autoridades escolares diciéndonos que ya no soportaban su mal proceder.

-Se burlaba de sus compañeros.

-Les faltaba el respeto a los maestros.

-No hacía sus tareas.

-Se peleaba.

-Se salía de las clases, etc.

Nos llamaron para asistir a una reunión en la escuela y ahí me enteré que no había ido a sus clases de intercesión, porque cuando yo lo dejaba frente al plantel él no entraba sino se iba con sus amigos.

Qué terrible fue ese día para mí, después de haber criado a nuestro hijo en los caminos del Señor y ahora él nos estaba avergonzando como padres delante de los maestros y el director de la escuela.

Cada día que pasa se pone peor, cuando viene de la escuela no quiere comer lo que he cocinado, me dice que no sé cocinar, que él no quiere esa comida y exige que se le compren comidas de restorán, esas que no tienen nutrientes para su cuerpo.

Ya no sabemos qué hacer con él, en la iglesia no le gusta someterse a los líderes ni a los maestros de la Escuela Dominical. Me dicen que mientras ellos están dando la clase él se ríe y descontrola a todo el grupo con sus bromas y burlas hacia los demás.

Nuestra vida espiritual ha sido afectada, mi esposo es líder en la congregación, pero el mal testimonio de nuestro hijo ha afectado la vida de él en todas las áreas, como esposo, como padre y ahora como un servidor de la casa de Dios.

Hemos pensado hasta renunciar a los privilegios que tenemos e irnos de la iglesia, pero no queremos tomar una decisión equivocada. Ayúdenos por favor con un consejo, se lo agradeceremos.

Estimado Matrimonio:

Primeramente gracias por la confianza que han tenido para contarme su problema.

Quiero decirles que la Palabra de Dios nos dice que Él no nos pone más cargas de las que podamos llevar, aunque en este momento entiendo que la carga es pesada.

Por lo que me dicen creo que su hijo fue criado en un hogar donde se le protegió y consintió mucho.

Todos cometemos errores, pero hay que actuar ahora mismo porque el enemigo no tiene potestad para destruir a los hijos de Dios ni a su descendencia.

Lo que quiere el enemigo es que ustedes se concentren en el problema y que dejen de adorarlo en espíritu y en verdad, pero no le den lugar al diablo ni a los demonios párense firmes en la roca que es Cristo Jesús; porque en la Cruz del Calvario Él avergonzó al reino de las tinieblas. Y recuerden, Dios no les ha dado a ustedes un espíritu de temor para que se acobarden sobre esta situación, tomen la armadura de Dios y peleen como buenos soldados de nuestro Salvador.

Deben recordar que Dios siempre está presente en medio de las tribulaciones y aflicciones que podamos pasar en este mundo.

Entiendan que su hijo ya creció, que ya no se puede corregir como cuando era un niño, lo que les puedo aconsejar es:

1-Empiecen a orar juntos por su hijo, a cierta hora específica de preferencia, póstrense ante Él y lean la Biblia, la Palabra de Dios.

2-Pónganle a su hijo normas, límites y restricciones, como por ejemplo, la hora que tiene que llegar si sale de la casa; no le sigan pagando el teléfono celular o si es necesario quítenselo, pero que no se quede sólo en amenaza, si toman esa decisión que ésta sea firme y recuerden algo muy importante, la disciplina tiene que ser sin ira ni enojo.

Dice Efesios 6:4.

"Y vosotros, padres, no provoquéis a ira a vuestros hijos, sino criadlos en disciplina y amonestación del Señor."

Háganle saber a su hijo que, en la casa, los integrantes de la familia así como tienen derechos, también deben tener obligaciones.

Recuerden también que en la edad que está su hijo vienen temores y frustraciones por muchas cosas.

3-Traten que no se pierda más la comunicación, si se empieza a poner tensa la conversación es mejor que no sigan hablando.

"En los labios del prudente se halla sabiduría." Prov. 10:13a.

"El hombre prudente calla." Prov.11:12b.

4-Sean ejemplo como matrimonio, si hay diferencias entre ustedes, háblenlo en privacidad y no enfrente de él, que vea siempre armonía entre ustedes.

Dios tiene el control de todo, sigan buscando su rostro que pronto vendrá la respuesta, estos son los tiempos en que aprendemos a tener paciencia y a confiar plenamente en nuestro Señor y Salvador, la oración eficaz del justo puede mucho.

Alaben al Todopoderoso, búsquenlo cada día y Él les concederá las peticiones de sus corazones. También pídanle perdón a Dios por haber consentido a su hijo y por no haberlo disciplinado a temprana edad.

"La vara y la corrección dan sabiduría; mas el muchacho consentido avergonzará a su madre." Prov. 29:15.

"El hijo necio es pesadumbre de su padre, y amargura a la que lo dio a luz." Prov. 17:25.

Adelante hermanos, que Jesucristo va al frente de ustedes, pronto verán a su hijo transformado por el poder de Dios, porque su Palabra dice que todo lo que pidiéramos en su nombre Él lo hará. ¡Bendiciones!

Encontré la Luz de JESÚS

MI HIJA ME ODIA… Y ES CRISTIANA

¿Hasta cuándo va a terminar esta pesadilla que estoy viviendo? Me pregunto constantemente.

Siento que de veras ya no puedo más y eso es a causa del mal comportamiento de mi hija, porque las cosas que me ha hecho son de un corazón lleno de maldad hacia mí.

Quizá usted pensará que estoy exagerando, pero no es así. Por eso trataré de contarle lo que estoy viviendo en mi propio hogar.

Pues verá, aunque diariamente me mantengo en oración y le entrego todas las cargas a mi Señor y Salvador Jesús, me siento muy cargada y deprimida porque ya es mucho tiempo el que ha pasado y ella no cambia.

Mi hija recibió en su corazón a nuestro Señor Jesucristo hace años, cuando estaba atravesando por un momento difícil debido a que su novio la dejó por otra y, aunque la maltrataba en todas las áreas, ella no soportó y se desmoronó emocionalmente. Y de ahí parte todo, desde aquel tiempo su actitud es descontrolada y de angustia, al grado que no quiere vivir más.

Reconoce que alguien le impidió que se quitara la vida pues escuchó una voz que le dijo: "No lo hagas", ese fue el Dios Todopoderoso. Pero son cosas tremendas las que pasan en su vida y vive atormentada.

Ella empezó a asistir a la iglesia con ese primer amor; se unió al grupo de jóvenes y participaba también en la alabanza, pero al cabo de algunos meses dejó de ir porque estaba saliendo con un joven de la misma iglesia, pero éste no era muy espiritual y la invitaba a bailar y a tomar, y así poco a poco se fue alejando de la comunión con Dios.

También empezó a tener amistades que hasta la fecha en nada le han beneficiado, todo lo contrario, la han llevado a la total desdicha. Como madre su vida me da mucha tristeza pues veo que ella busca la oscuridad.

Mi hija dice que es cristiana, pero su comportamiento es totalmente despreciativo hacia mí; todo lo que hago está mal para ella. Estoy completamente desconcertada con su comportamiento.

Si cocino, me dice que mi comida no sirve. Sin embargo, se la come. Si me visto, me dice que no sé combinar mi ropa. No obstante, ella toma mi ropa, se la lleva a su closet y se la pone. ¡Ah!, pero cuando le digo que esa ropa es mía se enoja y nunca me la devuelve.

Ahora que, si me arreglo el cabello, dice que no lo sé hacer y muchas cosas más, diciendo siempre que me veo muy mal.

He tratado de agradarle pero ella siempre me reprocha y la verdad es que ya no sé cómo actuar ni qué hacer.

En una ocasión estaba conversando con una hermana de la iglesia respecto a una actividad que íbamos a hacer, mi hija nos interrumpió notablemente molesta tanto que me gritó y me dijo que no quería escucharme más porque no me soportaba; que me odiaba y que hubiera preferido no venir al mundo.

Me parece increíble que siendo mi única hija sea así conmigo. ¿No le parece a usted que esto es un abuso de parte de ella? Porque inclusive se ha atrevido a buscarme amistades con las cuales quiere que me relacione, pero en realidad a las hermanas o amigas mías les parece bien la forma como yo me conduzco.

Soy una persona muy sociable y ella quiere impedir que siga siendo así, me siento en un callejón sin salida, siento que he perdido toda autoridad, tanto así que ella parece la mamá y yo la hija. ¡De verdad es inaudito!

Un día, una hermana de la iglesia me llamó para decirme que su hija había salido con mi hija y que ella, mi hija, se puso a hablar mal de mí, incluso le dijo que yo no había sido buena madre, que la trataba muy mal, lo cual no es cierto por supuesto. Pero ha sido todo lo contrario, he trabajado muy duro al grado de olvidarme de mí misma.

Como ve, esta situación me ha enfermado tanto física como emocionalmente, pues hace un año me llevaron de emergencia al hospital porque de repente me desmayé, llegaron los paramédicos para asistirme porque sentía un dolor muy fuerte en el pecho y sentía que me moría, que no podía respirar y estuve internada durante 20 días.

Los doctores me hicieron muchos exámenes, por último llegó una trabajadora social y empezó a hacerme varias preguntas, en ese momento salieron lágrimas de mis ojos, lloraba como una niña y, sin embargo, no tuve el valor de contarle el problema que tengo con mi hija.

Esa trabajadora me dijo que me veía muy estresada y atribulada pero no le dije nada. Me da vergüenza que sepan que su corazón está lleno de maldad y yo nunca le enseñé eso, pues ella conoce la Palabra de Dios que le inculqué.

Cabe mencionar que mientras estuve en el hospital mi hija se quedó en la casa y empezó a llevarse cosas de mi propiedad que yo tenía y que eran de valor, se llevó ropa y zapatos nuevos, lo mismo que alhajas, bolsas y otras cosas que tenía guardadas, todo eso ella lo fue a vender y se quedó con otras cosas para ella y, cuando le pregunté qué había pasado, ella con descaro me dijo: "Yo no tenía nada qué comer y por eso lo hice", y agregó que, "para qué quería yo esas cosas ahí guardadas".

Es prudente mencionar que mi hija, desde niña, se ha comportado como cleptómana, le gusta robar, tomar cosas del hogar y hacerlos de su propiedad.

Este enorme sufrimiento que llevo por dentro me está destruyendo, como madre me siento defraudada, me veo al borde de la locura, tengo ganas de salir corriendo e irme a un lugar donde pueda estar sola sin que nadie me moleste, no verla nunca más.

Cada vez es más frecuente escucharla decir que me odia, que ya no me soporta y nada más busca un pretexto para maltratarme, pero ante la gente se comporta diferente para que piensen que ella es buena. No cabe duda, es una excelente actriz.

He orado, he ayunado, he clamado, pero la situación no cambia, ella ya es una persona adulta pero no quiere trabajar, dice que no encuentra trabajo y es porque en realidad no sale a buscarlo y me obliga a mí que le pague su celular, sus tarjetas de crédito y otras cosas más cada mes, pero si digo que no las voy a pagar ella se enoja y finalmente termino pagándolas.

Dígame por favor qué puedo hacer, me siento demasiado cargada con este problema. Vea usted, lo que ella me hizo recientemente fue que tomó mi información personal y con ella obtuvo unas tarjetas de crédito, a mi nombre, que finalmente ella usó. Entre otras malas cosas que ella hace que son reprochables y no agradables a Dios, es la mentira, ella miente mucho, lo hace sin razón, como si fuere una adicta a mentir.

Mire usted, después de algunos meses me empezaron a llamar de las diferentes compañías para cobrarme y les dije que yo no había sacado ninguna de esas tarjetas, pero insistieron, preguntaron mi información personal y se la di coincidiendo con la que ellos tenían. Entonces confronté a mi hija y ella lo aceptó sin exclamar un ¡discúlpame!, no, al contrario, se enojó y me dijo que para eso yo trabajo, para pagar "nuestras deudas".

No me atreví a acusarla ante las autoridades porque es mi hija y, como madre, no me gustaría verla en la cárcel, pero es un gran delito el que ella ha cometido. No sé qué hacer, es mi hija y la amo.

He llorado mucho, siento que ya no tengo fuerzas para seguir adelante, pero es un martirio cuando ella está aquí, por todo se molesta y los vecinos se han dado cuenta cómo me humilla pues oyen sus gritos y la forma como me maltrata.

Mi hija es desconsiderada, una noche oí como que metió alguien en su cuarto mientras yo dormía, al día siguiente me enteré que era un hombre casado con quien ella está teniendo una relación. Conozco a la esposa de él y no sé qué hacer ante tal comportamiento.

No le puedo decir nada porque empieza a gritarme y casi ha llegado a la agresión física. No sé si estará usando alguna droga o si su corazón es malo, pero son cosas que ya no puedo ni quiero seguir tolerando.

Como madre me siento culpable porque mi hija nunca conoció a su padre biológico, por no haberle dado un buen padre; pienso que posiblemente esa sea la razón de su mal comportamiento. Es cierto, tuve una pareja por algunos años, el padre de mi hija, quien después nos abandonó y no supe nada más de él.

Por favor le pido su ayuda urgentemente. Le pido que por favor me ayude con un consejo porque ya no sé qué hacer y tengo vergüenza que en la iglesia se enteren de esta desesperante situación que estoy viviendo. Me siento cargada, atribulada, desesperada y, sin embargo, pongo la mirada en Dios Todopoderoso y Eterno.

Estimada Hermana:

Qué momentos más desesperantes los que usted está viviendo; menciona que ha perdido autoridad ante su hija, pero yo creo que usted se la dejó quitar, posiblemente porque usted tiene un carácter débil. Pero ahora es el momento de volver a tomar esa autoridad que Dios le ha dado sobre sus hijos. Es hora de tomar acción, recuerde que nuestras armas son poderosas en Dios, para destruir todo mal y todo aquel espíritu de oscuridad.

"Porque las armas de nuestra milicia no son carnales, sino poderosas en Dios para la destrucción de fortalezas." 2ª. Corintios 10:4.

Recuerde que la oración, el ayuno y la Palabra de Dios son armas más poderosas que cualquier espíritu contrario, tome estas armas y destruya en el nombre poderoso de Jesucristo todo lo que ha tomado control en su hogar.

Lo que su hija está demostrando es rebeldía, falta de respeto y desobediencia con su mala conducta hacia usted, eso no es agradable a Dios porque viene juicio a los hijos de desobediencia siempre.

Debe usted hacer cambios inmediatamente para que esto termine, porque su hija está en completa falta con Dios.

Tome el control de su hogar, siga orando, ayunando y clamando, que en el tiempo de Dios Él le responderá a la petición de su corazón.

Recuérdele a su hija que uno de los Diez mandamientos dice:

"Honra a tu padre y a tu madre, para que tus días se alarguen en la tierra que Jehová tu Dios te da." Éxodo 20:12.

Dígale a su hija que recapacite, que con Dios no se juega, que debe honrarla a usted en todo momento, si no estará en graves problemas. Usted sabe que no es ella porque el enemigo de su alma la usa en contra de usted. Es por eso que no se da cuenta de esa tristeza que le está causando por la necedad que hay en el corazón de ella.

La Palabra de Dios dice:

"El hijo sabio alegra al padre, pero el hijo necio es tristeza de su madre." Prov. 10:1.

Pídale a Dios que le dé la sabiduría para poder corregirla con amor, pero también con la autoridad divina.

Porque el alma de su hija está atribulada, recuérdele que en Cristo hay esperanza, dígale cuánto la ama.

Usted necesita buscar más el rostro del Señor. En la Palabra de Dios vemos a ese gigante que quiso intimidar y desafiar al pueblo de Dios, pero hubo un joven que se revistió de poder y pudo vencerlo. Porque somos más que vencedores.

Pídale a Dios valentía para enfrentar esta situación, ese gigante de odio en contra de usted se tiene que ir en el nombre poderoso de Jesucristo.

Interceda, siga clamando y doblando rodilla.

Que no se le olvide, aunque ella la siga amenazando, usted es parte de los escuadrones de Jehová de los ejércitos y ya en la Cruz del Calvario Él ganó la pelea por usted, Él ya peleó y le dio la victoria a usted y a su hija también.

No tenga temor, que su hija no la siga intimidando, vístase de poder y verá cómo esos espíritus huirán, porque ellos pertenecen al reino de las tinieblas y usted es de luz.

También debe pedirle mucha fe a Dios, para ser vencedora en esta situación, recuerde que la fe viene de oír la Palabra del Señor y que sin fe es imposible agradar a Dios.

Se habla en la Biblia, la Palabra de Dios, a una mujer que tenía una hija con un espíritu inmundo.

¿Cómo madre qué hizo ella?

1-En su problema buscó a Jesús.

2-Se postró a sus pies.

3-Le rogó que echase fuera de su hija al demonio que la atormentaba.

A veces Dios permite situaciones difíciles en nuestra vida para que le busquemos de día y de noche, que nos postremos en adoración y que confíe en Él sobre todas las cosas.

Debe usted además ser insistente y seguir rogándole a Dios hasta ver el milagro que Él hará con su hija.

No se rinda ante las exigencias del reino de las tinieblas, porque más poderoso es el que está con usted, que el que está en contra de usted.

Sé que será vencedora en esta prueba difícil, pero recuerde siempre que para Dios todo es posible, sólo si podemos creer y confiar en el Todopoderoso y Eterno.

Esfuércese, sea valiente y no desmaye, usted testificará del poder de Dios, su hija será liberada de todo aquello que la perturba en su interior y será transformada en una joven diferente.

En ella se podrá ver la luz de Jesús porque ella es de Él y pertenece a Él únicamente, Que ella se ha dejado engañar por el enemigo de su alma, pero Dios está con ustedes.

Diga; yo lo creo, ahora créalo usted. Es pues la fe, la seguridad de lo que aún no hemos visto y esto le agrada al Señor. No se desanime, usted es más que vencedora.

¡Ánimo en estos momentos! Que su alma no se abata. No se rinda ante el enemigo, el Espíritu Santo le dará las estrategias de cómo corregir lo deficiente de su hija y de cómo hablarle para que ella entienda que está mal.

Y usted será una madre que testificará a otras del poder de Dios. No se acobarde ante cualquier problema, sea fuerte y pelee con las armas del espíritu. Pronto verá su milagro si confía en Dios, su hija cambiará y usted lo verá porque la luz de Jesús resplandece.

Encontré la Luz de JESÚS

MI ESPOSO ES MUY DESORDENADO
Y NO ME AYUDA EN NADA

Estoy al borde de la locura, en tanto le contaré por lo que estoy pasando. Tengo 25 años de casada pero en todo ese tiempo no he logrado que mi esposo sea un hombre ordenado y cada día es peor su desorden.

Primero le diré que nunca arregla la cama donde dormimos, siempre lo hago yo. Cuando se baña deja tirada en el piso la ropa que se quita, incluyendo la toalla que usó y deja todo el piso mojado.

Tiene el garaje de la casa lleno de herramientas y cosas que no usa, pero nunca hace limpieza ni ordena todo lo que ha ido guardando durante años, nuestra casa es pequeña y ya no hay espacio para tantas cosas, y realmente son cosas que no sirven o que no se usaron por años.

Cuando termina el día le pido que por favor vaya y tire la basura, pero él me dice que está cansado, que después lo hará y como no lo hace termino haciéndolo yo quien de verdad estoy muy cansada físicamente y de esta situación.

A veces se han "fundido" los focos, él lo ve pero no toma la iniciativa de cambiarlos y soy yo quien los cambia. De verdad que no sé qué hacer, él como varón no quiere hacer nada, al contrario, es desordenado, por ejemplo, no come en la mesa del comedor sino que quiere que le lleve la comida hasta la sala y eso me molesta tanto porque en mi casa siempre comíamos todos juntos en la mesa y, aunque aquí sólo somos mi hijo, mi esposo y yo, me gustaría que hiciéramos lo mismo ya que esa es una muy buena costumbre y del mismo modo podemos orar todos juntos en la mesa por nuestros alimentos.

Después que termina de comer, él no recoge su plato para llevarlo a la cocina sino que lo deja ahí esperando que alguien lo levante, hasta nuestro hijo lo ha hecho en varias ocasiones, pues gracias a Dios es ordenado como yo.

Mis fuerzas físicas se me están agotando pues desde que amanece hasta que anochece me la paso haciendo lo mismo, recogiendo "el tiradero" que deja mi esposo durante los días que no trabajo, porque cabe mencionar que también trabajo fuera de casa.

Yo me crié en un ambiente de orden y limpieza, mi madre siempre me enseñó a vivir así. Ahora ya no sé qué hacer, me la paso siempre limpiando y ordenando todo ese "tilichero" que mi marido deja todos los días. A veces me enojo con mi suegra y le pregunto si no le enseñó orden a su hijo, pero ella lo defiende y dice que "para eso estamos las mujeres, para hacer el oficio de la casa y para servirle al esposo en todo".

Mi marido ha sido buen proveedor para el hogar, de eso no tengo ninguna queja, pero me molesta que no me ayude en nada o por lo menos desearía que sea ordenado y que ponga las cosas en su lugar después de usarlas, yo pienso que eso es lo más justo.

Pero además, mi esposo se ha puesto totalmente en contra mía; le diré algunas expresiones que han salido de su boca porque eso me duele, me hace sentir mal, pues lastima mis sentimientos.

-Me dice, ¿por qué no planchas bien mi ropa? Es muy exigente con sus cosas personales.

-Esta comida no tiene sabor, y no deja de decirme que la comida que su mamá le hacía tenía más gusto y mejor sabor.

-Se la pasa comparándome con otras personas y eso me duele mucho, porque es mi esposo y yo lo amo.

-No deja de decirme que soy una ignorante y muchas cosas más que me hacen sentir una persona sin valor para él.

Yo sigo en la religión que mis padres me inculcaron, católica, pero hace dos años él se cambió a una iglesia cristiana, así que cada uno asiste a sus congregaciones.

Él me ha invitado a su iglesia pero yo no he querido ir pues no quiero defraudar a mi familia cambiándome de religión, aunque últimamente siento una necesidad interior que no sé cómo explicarla.

Lamentablemente, con mi esposo no tengo la confianza para hablarlo ya que no tenemos una buena comunicación, a mí sinceramente me gustaría asistir a su iglesia, pero aunque parezca una contradicción me digo; qué tal si él no quiere que yo vaya.

Yo no he visto hasta hoy ningún cambio en su vida, me sigue maltratando verbal y emocionalmente. Pero le voy a ser sincera, a pesar del tiempo que llevamos de casados yo no puedo superar que él sea desordenado y no hay día en que no le reproche su manera de ser porque es muy, pero muy desordenado en todo; abre los cajones de los muebles y los deja así. Yo creo que lo hace a propósito y yo estoy desesperada, no le veo el fin.

De algunos años para acá siento ataques de ansiedad, eso me pasa cuando se acerca la hora que él regrese a casa, tengo miedo, siento que me va a gritar y me va a decir palabras hirientes. También le diré que yo no me dejo y es ahí donde empiezan las discusiones en el hogar y terminamos durmiendo en camas separadas. Eso es muy estresante para mí y para mi hijo el cual amenaza con irse.

Otra cosa que me hace es que enfrente de personas me falta al respeto, ya no sólo en la casa sino ante amigos y familiares. Me dice que soy una inútil y que no sé nada, me hace parecer ante la gente como que soy una tonta y sin valor alguno. ¿Qué hago?

Esto es desesperante, se me está terminando la paciencia y hasta he pensado en el divorcio para terminar con esta situación. O irme sin decirle nada para nunca más volver a verlo. Es un verdadero infierno lo que yo vivo.

Cuando quiere estar en la intimidad no lo hace con amor, sino me toma a la fuerza, así él se satisface pero yo no, me siento como un objeto el cual él usa.

Me desprecia comparándome con otras mujeres, cuando está viendo la televisión me dice: "Mira tú cómo estás, has engordado mucho. Y ve a esa mujer en la pantalla, qué buen cuerpo tiene, tú deberías estar así.

Igual, me ignora si le hablo, a veces quiero compartir algún comentario de las noticias que están pasando, pero él siempre sale con algo negativo llevándome la contraria. Dice que yo no sé nada, que mi ignorancia es grande y más.

Él me critica por todo, en ocasiones pienso que le caigo mal y que no me quiere para nada. Sin embargo, yo sinceramente lo amor pero él me rechaza cuando lo busco para darle un abrazo, me dice "déjame" o "¿algo quieres, verdad?". Yo necesito una caricia o un beso y él no me lo da.

Tampoco me escucha, a veces son cosas importantes que necesito decirle de nuestro hijo y él me responde que eso no es verdad, "no quiero escucharte, déjame ver el programa, estoy ocupado".

Yo le digo que de nada ha servido que se cambiara de iglesia pues su comportamiento sigue siendo el mismo; aunque él dejó las bebidas alcohólicas antes lo hacía todos los fines de semana, ahora no, pero sigue siendo desordenado y grosero conmigo. Pero aun así yo lo perdono y espero en Dios que un día lo cambie.

Necesito su ayuda pues no tengo la confianza de hablar con nadie más, para mí es muy vergonzoso que las personas sepan cómo es mi esposo, que exige mucho orden pero él es todo lo contrario, no contribuye en ayudarme.

¿Cómo puedo salir de esta desesperante situación?

¿Será la separación, la solución al problema?

Ayúdeme con su consejo, se lo voy a gradecer mucho pues estoy muy decepcionada con esta situación.

Estimada Amiga:

Primero, quiero agradecerle la confianza que ha tenido al contarme su problema.

Ahora déjeme decirle que la religión no cambia a nadie, sino sólo Jesucristo en el corazón de las personas cuando éstas reconocen que han pecado contra Dios y lo hacen sinceramente, cambian porque están convencidos y convertidos.

Siento mucho que su esposo no haya entendido aún ese paso que dio en su vida espiritual, y que usted no vea el fruto en él y un auténtico arrepentimiento. Pero ya que en él no se ha visto el cambio, le invito a que usted conozca al que todo lo sabe y todo lo puede; del que viene su socorro, su ayuda, y en el cual usted puede confiar plenamente porque Él nunca le va a fallar, Él es fiel.

Dios no es una religión sino una relación íntima, ese es el propósito de Él desde el principio, pero el hombre no ha entendido eso y quiere siempre vivir su vida sin Dios, ser independiente y hacer lo que él quiera. Y eso créame, no es agradable a Él, no es un buen testimonio.

Si usted toma esa decisión será vencedora en este problema. Conozca al autor de la vida, que es del que usted necesita ayuda divina, la que viene de lo Alto, ponga la mirada en el Señor Jesucristo no en su esposo, y Él lo va a cambiar porque tiene todo el poder.

La invito a que empiece a tener una comunión diaria con su Creador, antes que se opere el cambio en su esposo, busque la paz interior entregándole su vida completa a Dios, la invito a que haga esta sencilla oración, que lo haga de todo corazón y repita:

Padre Celestial, vengo a ti reconociendo que Tú enviaste a tu Unigénito Hijo al mundo para morir por mis pecados, me arrepiento de todo corazón por todo lo que he hecho y te ha ofendido. Te recibo en este día como mi único y suficiente salvador de mi alma. Escribe mi nombre en el Libro de la Vida, te lo pido en el nombre de Jesucristo mi salvador. Amén, amén y amén.

Quiero decirle que después de esta oración usted puede entregar su matrimonio en las manos de Dios, empiece a leer la Biblia y su vida cambiará. Le daré algunos versículos de la Palabra de Dios para que conozca lo que dice nuestro Señor al respecto.

Las mujeres deben dar honra a sus maridos, si usted obedece a Dios será bendecida.

Mire, hubo una reina que su esposo una orden de mando a llamar, pero ella no quiso llegar cuando la llamó a la orden de su rey y lo menospreció y fue destituida del reino y se buscó a otra reina que tomara el lugar de ella.

Esto nos indica que Dios es un Dios de orden y, cuando Él establece algo, debemos obedecerle.

Veo que su esposo es una persona muy desordenada y que eso es un gran problema en su hogar, ahora deje usted de decirle lo que él tiene que hacer, porque me imagino 25 años de repetirle lo mismo y no ha visto cambio, tiene que buscar otra estrategia pero que sea divina.

Es el momento de orar por esta situación, créame que va a recibir respuesta ya que el deseo de Dios es que su esposo y usted gocen de la vida juntos como una sola carne, porque ustedes son uno solo.

La Palabra dice: "Goza de la vida con la mujer que amas, todos los días de la vida de tu vanidad que te son dados debajo del sol, todos los días de tu vanidad: porque ésta es tu parte en la vida, y en tu trabajo con que te afanas debajo del sol." Eclesiastés 9:9.

Qué hermosos consejos están escritos, tómalos para ti.

Mire, dice todos los días, cuando el ser humano aprende a conectarse con Dios las cosas cambian, deje de perder el tiempo enojándose, mejor busca el rostro del Señor y todo cambiará. Sigue amando a tu esposo y verás en él a un gran hombre, pero espera en el tiempo de Dios, el cual es perfecto.

Otro consejo que debe saber es que, como esposa, debe sujetarse a él y respetarlo.

Enfóquese en obedecer a Dios primeramente y Él se encargará de cambiar a su esposo. Usted verá el gran cambio que Él puede hacer.

Sea honesta, no calumniadora, usted dirá: ¿Será que podré? Sí.

Claro, con Jesucristo todo es posible, Él le hará una esposa llena de muchas virtudes y le dará paciencia.

No siga gastando sus energías en corregir lo deficiente, sino gócese en lo bueno que él hace por usted en su hogar y verá la gloria de Dios en su vida, la de su hijo y la de su esposo.

Disfrute cada día de su vida con ese hombre que pronto será cambiado por Dios a través de sus oraciones y entrega a su Salvador Jesucristo, y ahí usted verá la Luz de Jesús.

Encontré la Luz de JESÚS

MI SUEGRA ME TIENE TRASTORNADO, SE METE EN TODO, ME ESTÁ VOLVIENDO LOCO

Cuando me casé todo marchaba de maravilla, mi esposa me respetaba, me atendía y yo era un hombre muy detallista y amoroso con ella. Nacieron nuestros hijos y todo iba bien, todo era felicidad y armonía en mi hogar, hasta que un día mi esposa me pidió que permitiera que su mamá viniera a vivir con nosotros durante un mes, ya que le iban a arreglar el apartamento donde ella vivía. Por supuesto que yo acepté y con mucho gusto porque era por corto tiempo y además es mi suegra, la mamá de mi esposa, inclusive pensé: "Qué dicha, mis hijos van a disfrutar la compañía de su abuelita por unos 30 días".

Pero no lo va a creer, ese "mes" se ha prolongado por 12 larguísimos años y de verdad que han sido un infierno y muchas tribulaciones.

Al principio mi suegra se mantenía en su cuarto, tejiendo y ayudándole a mi esposa, yo no veía ningún problema el tenerla en casa, pero luego de algunos meses de estar viviendo con nosotros todo cambió y dio un giro total a mi vida.

1-Se empezó a meter en la relación mía y con mi esposa, le decía que no fuera tan confiada porque a los hombres hay que tenerlos controlados, eso hacía porque ella tuvo una relación conflictiva con su esposo quien la engañó y ella aún no ha superado su pasado y quiere meterle a mi esposa la misma desconfianza que permanece en ella y jamás ha olvidado, lo cual ha despertado en mi mujer un espíritu de celos. Ahora siempre me está llamando a mi trabajo preguntándome qué estoy haciendo, en veces no la puedo atender porque son mis horas de trabajo y no lo puedo descuidar, pero ella sigue insistiendo. Es una situación desesperante, si llego unos minutos más tarde de lo normal empiezan las preguntas incómodas y créame que eso me está afectando emocionalmente.

En mi trabajo ya tengo problemas por contestar el teléfono a mi esposa en horas laborales y, si no lo hago, ella se pone como loca y me llama más veces. "Seguro que cuando regrese a casa habrá problemas", me digo.

2-Con nuestros hijos también empezó a decidir lo que debían y no comer, también interfiere en la educación de ellos y mis hijos no hallan a quién obedecer, si a su padre, madre o abuela, y eso sigue provocando serios problemas en nuestro hogar. Es desesperante, mi casa parece un manicomio.

3-Ella tomó la autoridad en algunas áreas del hogar y es exigente, por ejemplo, comenzó a decidir lo que se iba a cocinar en casa, si a ella no le gustan los mariscos, pues nosotros tampoco los comeremos aunque sí nos gusten. Y así otras cosas más, como qué debe comprarse en el mercado, bueno, hasta los muebles los cambia a su antojo.

4-Empezó a dirigir a su hija en todo y mi esposa comenzó a ser otra persona conmigo pues le dice lo que yo debo hacer mis propias cosas, que ella (mi esposa) no es mi sirvienta; que yo debo lavar mi ropa y también que, si no me gusta lo que hay de comer ese día, debo prepararme yo mismo la que sí se me antoje. Bueno, parece que ella es la que dirige el hogar y no yo como sacerdote de mi casa. Lo peor de todo es que mi esposa, a pesar de lo que hace su mamá, me reclama y me culpa a mí de todo lo que pasa, al grado que me ha corrido de la casa varias veces.

Esto y muchas cosas más, créame que estoy cansado de esta situación, siento que ya no puedo vivir en mi propia casa. Y si me voy, quién me va a suplir si soy el único que trabaja.

Asimismo, cuando pasaron tres meses de estancia de mi suegra en nuestra casa, le pregunté a mi esposa por qué su mamá no se había regresado a su apartamento; pero ella se enojó conmigo y empezó a decirme que ella nunca se iría de su lado porque es su mamá, es viuda y está desamparada.

-Ella se siente sola.
-Quiere disfrutar a sus nietos y tú no lo puedes impedir.
-Ella ya es mayor y me necesita, no seas egoísta, etc.

He tratado por todos los medios de llevarme bien con mi suegra, pero esta situación ha afectado a toda la familia, ya no sé qué hacer, no tengo paz en ningún rincón de mi casa. Todo es contienda con ella, enojos y no hay alegría para mí después de un largo día de trabajo al pensar que voy a llegar a casa, porque siento que me estoy volviendo loco y muchas veces me quedo en la calle haciendo tiempo, vagando para llegar tarde y no escuchar más reclamos de parte de mis esposa y de mi suegra.

Ahora mi mujer se ha dedicado a cuidar y complacer a su mamá en todo y yo he quedado relegado en último lugar lo mismo que mis hijos.

A mi suegra le gusta imponer sus ideas y mi cónyuge aprueba su comportamiento, pero la señora es egoísta, critica a mis hijos, ellos se molestan y me dicen que ni yo que soy su padre les hablo así, que ella es agresiva, una abuela autoritaria quien no les da cariño, solamente ordena, critica y da castigos.

En mi trabajo tengo una buena compañera a la cual le he contado mi problema, pues un día llegué tan deprimido y enojado de esta situación y ella me dio algunos consejos que me han ayudado. Vea, empezó por compartirme del almuerzo que llevaba para ella, conversamos y me dijo que tuviera paciencia y pensara siempre positivo.

Pero resulta que últimamente me estoy sintiendo atraído hacia ella, siento que me he enamorado y eso me preocupa porque esta compañera conoce los sentimientos que tengo por ella, porque es tan dulce y tierna, me escucha con atención y me aconseja.

Bueno, he llegado al punto de pensar en divorciarme de mi esposa y así alejarme de mi suegra, porque lo que ella ha hecho es destruir nuestro matrimonio, convertir en un verdadero caos mi vida porque ya no vivo tranquilo.

Me he cansado de decirle a mi mujer que tome una decisión respecto a su mamá o yo, pero de inmediato ella empieza a pelear conmigo diciéndome que ella no puede sacarla de nuestra casa porque ya es una señora de la tercera edad y ella es su única hija, por lo cual tiene la obligación de cuidarla y sostenerla económicamente siempre.

Hasta el momento no he podido llegar a un acuerdo con mi mujer ya que, por más que le he dicho del tema de su mamá, siempre terminamos discutiendo y peleando, nuestra recámara se ha convertido en un lugar de enojos y reclamos, vaya ¡en un ring!, en vez de ser un sitio donde tendríamos que llegar a relajarnos, descansar, tener nuestro tiempo juntos y dormir en la paz de Dios, tal como está escrito en la Palabra: En paz me dormiré.

No quiero tomar una decisión precipitada, por eso sentí la confianza de contarle a usted mi problema para que me aconseje pues no quiero perjudicar más a mi familia y menos a mis hijos. ¡Por favor ayúdeme! Siento que ya no puedo más.

Estimado Señor:

Déjeme decirle primero que usted es un hombre que tiene respeto, paciencia y ha demostrado tener también compasión, pero le ha faltado autoridad, como cabeza del hogar usted no ha tomado la autoridad que Dios le ha otorgado como sacerdote de su hogar.

Qué difícil convivencia, tantos años de soportar a su suegra, y qué negligencia y falta de sabiduría primero de su esposa y luego de su suegra.

Vamos a ir al Manual Divino para saber cuál es el consejo que tiene para usted. Desde el principio, cuando Dios creó al hombre a su imagen y semejanza, dijo que no era bueno que el hombre estuviera solo.

"Y dijo Jehová Dios: No es bueno que el hombre esté solo; le haré ayuda idónea para él." Génesis 2:18.

Qué extraordinario es Dios, pensó en la ayuda idónea para el hombre. Maravilloso.

Pero también dijo:

"Por tanto, dejará el hombre a su padre y a su madre, y se unirá a su mujer, y serán una sola carne." Génesis 2:24.

Claramente lo dijo Dios, que debería de dejar a los padres y formar un nuevo hogar, eso es bíblico, no lo que está pasando actualmente en su hogar.

Su casa está en total violación a lo establecido por Dios, usted ha dejado pasar muchos años para ordenar su propio hogar, no es su esposa la que tiene que tomar decisiones, es usted quien debió haberlo hecho desde el principio. Así está establecido y en Orden Divino.

Ahora necesita orar a Dios, pedirle perdón, arrepentirse de todo corazón y en el nombre de Jesucristo empezar a enderezar lo torcido que está su hogar. Hoy mismo haga cambios pero con amor, búsquele un lugar donde vivir a su señora suegra o bien, que ella cambie de actitud.

Usted necesita recobrar la autoridad que debe tener en su casa y lo primero es hablar con su esposa, explíquele a la luz de la Palabra de Dios, cuáles son las obligaciones y los deberes de ambos. Hágale saber que ella es la ayuda idónea, no su enemiga.

Dígale que usted es la cabeza de su hogar y no ella, que tiene que someterse bajo su autoridad, sé que no le va a gustar nada, pero usted manténgase firme en la Palabra, por supuesto que lo tiene que hacer con prudencia y sabiduría de lo Alto.

Tiene que decirle todo lo que su suegra ha provocado en su hogar, lo primero es la división que ha creado entre usted y ella, y ese ha sido un comején que está destruyendo la relación entre ustedes, y además porque se ha tomado atribuciones que no le corresponden, como disciplinar de una manera errónea a sus nietos. Y eso ante Dios no es agradable ni está correcto.

Ha llegado el momento de rescatar lo que le pertenece a usted; el amor, la paz y la armonía en su hogar.

En 1ª. Corintios 1:10 dice:

"Os ruego, pues, hermanos, por el nombre de nuestro Señor Jesucristo, que habléis todos una misma cosa, y que no haya entre vosotros divisiones, sino que estéis perfectamente unidos en una misma mente y en un mismo parecer."

Y en su hogar está pasando todo lo contrario, el deseo de Dios es que vivan en la armonía los unos con los otros.

Además, dígale a su esposa que usted quiere salvar a su familia, que quiere ser feliz, sentir gozo como al principio de su matrimonio en que todo era armonía.

En Tito 3:10 dice:

"Al hombre que cause divisiones, después de una y otra amonestación deséchalo, sabiendo que el tal se ha pervertido, y peca y está condenado por su propio juicio."

Lo más importante es que usted y ella estén unidos en un mismo parecer y que su esposa llegue a entender estos principios divinos, que sepa que su mamá ha pasado a un lugar especial, después de usted que es su esposo, y debe ser antes que su suegra.

Después hablar con su mamá suegra y exponerle el problema que ha causado interfiriendo en su hogar y buscarle una solución al problema cambiando ella su actitud. Si usted ya la soportó tantos años y ella decide cambiar, creo que podrán tener una solución favorable y, si no, pues buscar otra opción para ella; que pueda irse a un lugar seguro, no desprotegerla al contrario ayudarla, pero todas estas decisiones tiene que ser tomadas con la guía del Espíritu Santo y así todos estarán en santa paz.

En lo referente a que usted se ha enamorado de otra mujer, recuerde que su mejor consejero es la Palabra de Dios, no deje que sus emociones lo dirijan a hacer decisiones de las que después se pueda arrepentir. No traiga más problemas a su vida, solucione con la ayuda de Dios los que ya tiene, además usted es un hombre casado y tiene que rescatar lo que se ha perdido en su familia, la unión y la paz. Busque la Luz de Jesús.

No es el momento de pensar en el divorcio sino el de enderezar el barco que está torcido y tomar la autoridad que Dios le ha otorgado. Usted, como la cabeza del hogar, está para proteger a su familia, busque, deléitese en las cosas del Señor y después Dios concederá las peticiones de su corazón.

Encontré la Luz de JESÚS

UNA PERSONA DE MI FAMILIA TIENE MUCHA MALDAD

Quiero contarle una situación la cual no me ha dejado dormir por algún tiempo, ya que una persona de mi propia familia ha estado haciendo muchas cosas que me preocupan pues hay mucha maldad en su corazón y, como es parte de mi familia, me ha sido difícil poder contarlo.

Pero hoy sí siento la libertad de hacerlo con usted porque me da confianza. Vea usted, esto me está afectando en mi salud física, mental y hasta espiritual, ya que he empezado a tener insomnio y dolores de cabeza nada más al pensar cuántas atrocidades ha hecho y las que sigue haciendo.

Se trata de una persona que no respeta a nadie, manipula a su esposo en todo, lo dirige hacia lo que a ella le conviene y él le da todo su cheque de pago para que lo administre. Por tanto él tiene que pedirle dinero para su almuerzo y hasta para la gasolina. Qué barbaridad, lo maneja a su antojo y él es muy buena y noble persona.

Él tiene un carácter demasiado débil y se deja influenciar por todo lo que ella le dice, hasta le tiene miedo, él ya no tiene ni voz no voto en esa casa.

Pero además no lo respeta para nada, lo avergüenza enfrente de su propia madre y de sus hijos, los cuales también le faltan al respeto, pues ese es el ejemplo que ellos han visto, en el trato de su madre hacia su padre.

A sus hijos les habla mal de su padre, les dice que él no sirve para nada. Y el pobre hombre se la pasa trabajando desde el amanecer y hasta muy noche para suplir todo lo de su hogar, porque ella no trabaja ni hace casi nada, su casa está sucia, toda "tirada", nunca cocina y él tiene que llevar comida comprada para todos porque si no lo hace ella se enoja.

Siento que esta mujer es muy cruel dentro de su propio hogar, se siente autosuficiente, muy mandona y malvada, trata de dividir hasta a su familia para ella poder hacer lo que más le conviene. Todo el día trama y es muy mentirosa, tiene un espíritu de Jezabel.

Además no se somete en nada a su esposo ni a ninguna autoridad, porque no le gusta que nadie le dé órdenes, mantiene un constante dominio sobre las personas, es insoportable, no sé le han aguantado tanto.

Poco a poco está destruyendo corazones inocentes, como son sus propios hijos, pues los incita a que no se dejen de nadie, les pone programas violentos en la televisión, les compra juegos inapropiados para niños aunque éstos sean caros, u obliga a su esposo a que los compre y con ellos se pasan el tiempo sus hijos enajenándose más.

No se da cuenta que al final está enfermando las mentes de esos niños, a la edad en que tienen que ser instruidos correctamente para que no tomen rumbos equivocados cuando sean mayores. Nunca acepta un buen consejo, todo lo contrario, ella se siente perfecta.

De la escuela la llaman frecuentemente diciéndole que sus hijos son rebeldes, problemáticos y que no respetan a sus maestros, que ya los quieren expulsar por su mal comportamiento y, cuando le hablan para hacerle saber lo que sus hijos hacen, ella se enoja con los maestros y no acepta ningún reclamo o consejo de ellos, dice que los educadores son los malos y sus hijos muy buenos.

En dos ocasiones uno de sus niños golpeó a un compañero en el aula de clases, le hizo sangrar y obviamente los padres del niño agredido se quejaron pues éste tuvo que ser llevado al hospital.

Eso fue terrible pero me siento incapaz de hacer algo por ellos porque ella piensa que si alguien le dice algo es porque quiere quitarles a sus hijos. ¡Son puros inventos!, ella sí los maltrata física y sicológicamente, ya en una ocasión tuvo problemas con las autoridades quienes se dieron cuenta de los abusos que cometía contra sus hijos, pero después todo siguió igual.

Ya estoy cansado de oírla hablar mal de todas las personas, es una constante crítica y no es constructiva sino muy destructiva, pues está siempre pendiente de otras familias sin ocuparse de la suya, y anda de chisme en chisme todo el tiempo, se goza al hacer daño, de meter cizaña, de dividir, de manipular a las personas y al pobre hombre.

He sabido de tres matrimonios que eran felices y por su maldad terminaron en divorcio, dejando niños sufriendo por la separación de sus padres. Ella se goza haciendo el mal, va a la iglesia y según ella está bien lo que hace.

Mire su maldad, esta persona les enviaba textos a las esposas de algunos hombres de la congregación, haciéndoles creer que sus esposos las engañaban. Luego se reía de sus maldades ya que todo había sido mentira. Es una persona enferma y no quiere ayuda ni consejo alguno.

Uno de esos matrimonios que fue destruido se dio cuenta que todo era un total engaño y están restaurándose de nuevo, ¡gracias a Dios!

Esa lengua perversa está llena de mucha maldad porque también ha dañado a muchas personas que tienen negocios, les tiene mucha envidia porque ella no ha podido lograr tener uno, ella así lo ha expresado y lo que hace en contra de ellos es desprestigiarlos inventando más mentiras, diciendo que la han estafado con productos que asegura no le han servido.

Pero todo es una farsa, lo ha hecho sólo para sacarles dinero por medio del chantaje, exigiéndoles más del doble de lo que ella pagó por los productos, amenazándolos con hacerles daño desprestigiándolos.

Le he aconsejado que cambie, pero ha sido en vano y hasta me siento culpable por saber todo esto y no hacer nada al respecto o, más bien, le he ministrado de todo y no quiere entender nada, se niega a hacerlo.

Esta persona usa las redes sociales para conocer la vida de las demás personas y después causarles daño, o para hablar mal de toda esa gente.

He sabido que en dos ocasiones fue a comprar unos productos que son para mantener buena salud y semanas después de usarlos, comenzó a desacreditar a esa compañía con el fin de lucrarse diciendo que la habían estafado y hecho daño, que no compraran en esa tienda, que lo que allí vendían no servía. En esa ocasión lo hizo porque se había quedado sin dinero y en su desesperación inventó todo aquello. Ella me dijo que sí sacó el provecho que quería porque obtuvo dinero.

También uno de esos días, me dijo que iba a una Corte porque una tienda la estaba demandando porque ella fue a regresar unos uniformes y zapatos de trabajo que compró; usó los zapatos como por dos meses y después los quiso regresar pero ya no estaban en buen estado. Ella siempre hace lo mismo, es una persona muy desagradable y con mucha maldad en su corazón.

Una empleada de ese negocio le dijo que no podía devolverle el dinero no cambiárselos porque ya estaban usados, entonces ella se puso a pelear enfrente de varios clientes que había en la tienda en ese momento. Llamaron a la Policía, pero ella se fue antes que estos llegaran y luego me lo relató riéndose, como si hubiera sido una gracia lo que ella hizo.

Qué corazón más malo, a veces creo que está mal de su cabeza, porque no puedo creer todo lo que hace para dañar a las personas. Esto no corresponde a alguien normal sino solamente de una persona mala y perversa.

Además es muy hipócrita, habla mal de su propia familia y enfrente de ellos los abraza y los saluda con un beso, pero apenas éstos se van, empieza a vituperarlos, a hablar mal de ellos, de sus propios hermanos, de su marido, de las personas de la iglesia y de las que le han dado la mano y ayudado siempre. ¡Oh, Dios!, ha sido muy problemática y mentirosa.

Me estoy sintiendo culpable por saber todo lo que esta persona está haciendo y cuánto daño ha causado, no sé qué hacer, si ir ante las autoridades y denunciarla o quedarme callado y nada más seguir orando por ella, como lo he hecho por mucho tiempo.

Siento un gran peso sobre mis hombros, por favor ayúdeme con un consejo porque para mí esta situación ya no puede seguir así, me siento cargado y atribulado porque desafortunadamente, por ser parte de mi familia, vive cerca de mí.

Como le vuelvo a decir, me siento mal físicamente, vivo en un constante estrés al sólo pensar en todo ese mal que ella ha provocado hasta hoy. Lo peor es que lo va a seguir haciendo y en sus hijos está creando monstruos.

Necesito que me dé una opinión y también un consejo que venga de Dios para poder ayudarle a ella y a las familias que han sido afectadas. Si fuera posible, se lo agradezco.

Estimado Amigo:

Qué bueno es que haya soltado de su mente todo lo que sabe porque eso le traerá un poco de alivio.

Trataré de aconsejarle bíblicamente, este tipo de personas están completamente lejos de Dios y se complacen en aborrecer al prójimo, calumniándolo con engaños y Dios los abomina. Usted no se preocupe que el juicio para ella vendrá. Es porque todo viene de un corazón lleno de resentimientos y odios que no han podido superar, también la falta de perdón y tantas cosas más que posiblemente ella pasó en su vida o a lo largo de ella.

La Palabra dice:

"Porque en la boca de ellos no hay sinceridad; sus Entrañas son maldad. Sepulcro abierto es su garganta. Con su lengua hablan lisonjas." Salmo 5:9.

Ella tiene su boca llena de maldiciones, engaño y fraude, porque está llena de maldad.

Qué exacta es la Palabra de Dios.

El salmista David vivió experiencias similares con las personas que estaban a su alrededor y expresó estas palabras:

"Castígalos, oh Dios; Caigan por sus mismos consejos. Por la multitud de sus transgresiones échalos fuera. Porque se rebelaron contra mí. Salmo 5:10.

Esta persona es digna de lástima hasta cierto punto, porque estar en esa situación, el juicio de Dios puede caer en cualquier momento. Y entonces va a llorar y a pedirle perdón a Dios por todo lo que ha hecho. Ore por ella para que se arrepienta, sea genuino porque de Dios nadie se burla, cómo es posible que congregue, que sirva a la iglesia y con ese corazón lleno de maldad haga tanto daño.

Recuerde que la misericordia y la verdad deben estar presentes al corregir a alguien y usted debe orar primero como lo menciona y leer mucho la Palabra de Dios, para que pueda ser usado, para que esta persona se arrepienta de todo el daño que está haciendo. Cambie su manera de ser, créame que no le esperan cosas buenas porque su alma no lo es.

No tenga temor, llénese de la autoridad que le ha sido por Jesucristo para derribar todo lo que se levante en contra de lo que es puro. Lo agradable a Dios, lo que es bueno.

El Señor desde los cielos ha oído el clamor de todas las víctimas y las lágrimas que han derramado por el dolor que esta persona les ha hecho y Él es un Juez justo.

Preséntele el real Evangelio de Jesucristo, háblele del amor de Dios hacia la humanidad perdida y pecadora. Dígale que sea auténtica en servirle al Señor.

Si ella reconoce será perdonada por Dios y usted habrá rescatado una vida de la condenación eterna, que a través del sacrifico de Jesucristo en la Cruz del Calvario hemos recibido, de lo contrario seguirá en su pecado y que Él tenga misericordia de su vida.

Que el espíritu sea quien le dé la convicción y ojos espirituales para que deje de hacer tanta maldad.

Posiblemente ella ha tenido un pasado de dolor y sólo el Doctor de doctores la puede sanar si ella quiere. Dios que es Omnisciente la puede entender, pero también nos ha dejado el libre albedrío en cada ser humano. Deseo que usted pueda ayudarle, que obtenga mucha sabiduría y prudencia para poder hablar con ella. Pida Dirección Divina para poder hablarle.

Todas las cosas que he podido notar, es que en ella operan espíritus de maldad, la prepotencia, la división, la manipulación, la autosuficiencia, el engaño, la avaricia, etc.

En la Biblia se encuentra una mujer que tenía esas mismas características que tiene su familiar, se llamaba Jezabel, una mujer que promovía el mal, dominaba a su marido en todo, tenía una influencia diabólica para hacer el mal a las personas, aun para quitarles la vida.

Qué tremendo, y así hay muchas personas con ese espíritu, pero su vida terminó en total desgracia, Jezabel tuvo una muerte dura, la arrojaron por una ventana, los caballos la pisotearon y al final los perros se la comieron.

¡Qué terrible!

No se arrepintió de todo el mal que les había hecho a los hijos de Dios, y tuvo su castigo Divino.

Del mismo modo, si esta persona de la que usted nos ha narrado no se arrepiente y pide perdón a Dios, tarde o temprano viene la disciplina de parte de Dios.

Hay tanta maldad sobre la tierra, pero Dios le da oportunidades al ser humano para que se arrepienta, pero en este caso esta mujer tiene que humillarse y arrepentirse para poder ver la Luz de Jesús.

La Palabra de Dios dice que todos hemos pecado y estamos destituidos de la gloria de Dios, pero después dice que Dios mostró el amor de Él enviando a su Unigénito Hijo de Dios para morir por nuestros pecados.

Preséntele que el verdadero plan de salvación es el arrepentimiento auténtico y después que pida perdón por todos los pecados cometidos, espero que reciba al Señor Jesucristo en su corazón, para que le dé descanso a su alma enferma y su mente que vive atormentada.

Encontré la Luz de JESÚS

EPÍLOGO

De mi parte deseo que, después de haber leído **Gotitas de Limón y Miel**, te hayas identificado con alguna(s) de estas historias y que las respuestas bíblicas, con las cuales pude contestar, quiten de tu alma la amargura, el lamento y el lloro, y se conviertan en un panal de miel. Que traigan paz y sean medicina a todo tu ser.

Que los matrimonios vivan en completa armonía en el vínculo perfecto del amor, que los hijos alcancen la paz en sus corazones, que todos los que andan por el mal camino sean alcanzados para encontrar la salvación de sus almas, que los enfermos sean sanados y los cautivos sean liberados de todo vicio y opresión del reino de las tinieblas.

También espero despierte en ti el deseo de buscar y conocer más del Consejero de consejeros a través de su bendita Palabra.

Ya que estamos viviendo tiempos muy difíciles, necesitamos que en medio de las aflicciones sepas que tienes un Padre Celestial que envió a su Unigénito Hijo Jesucristo para que diera su vida por nosotros en la Cruz del Calvario, y por ese sacrificio hoy podemos ser más que vencedores.

Sinceramente:
Reverenda, Doctora Mary Escamilla.

Printed in the United States
By Bookmasters